꿀잼

앱 인벤터

꿀잼 앱 인벤터 지은이 소개

심주은
펜실베니아대학(University of Pennsylvania)의 LST(Learning Science and Technologies) 석사과정 학생
국립 안동대학교 사범대학 교육공학과와 사회과학대학 경영학과를 졸업
저서 「야금야금 프로세싱」 공저

심주보
성균관대학교 소프트웨어학과 재학(Joobo95@naver.com)

고주영
공학박사 국립 안동대학교 강사(sonice@andong.ac.kr)
2014 한국멀티미디어 학회 스마트의류 연구회 회장
저서 「재미삼아 아두이노」, 「재미삼아 프로세싱」

심재창
국립 안동대학교 컴퓨터공학과 교수(jcshim@andong.ac.kr)
IBM T. J. Watson Research Center 연구원
프린스턴 대학교 Visiting Fellow Professor
저서 「처음 시작하는 C언어」, 「야금야금 프로세싱」, 「재미삼아 아두이노」

꿀잼 앱 인벤터

쉽고 재미있는 앱 프로그래밍의 세계

심주은 · 심주보 · 고주영 · 심재창 지음

카오스북
CHAOS BOOK

꿀잼 앱 인벤터
쉽고 재미있는 앱 프로그래밍의 세계

펴낸날 2014년 3월 15일   **초판 2쇄** 2015년 4월 13일

지은이 심주은 심주보 고주영 심재창   **만들어 펴낸이** 오성준   **펴낸곳** 카오스북
본문디자인 Moon & Park   **표지디자인** DESIGN COMMA   **인쇄** 이산문화사
출판등록 제406-2012-000111호   **주소** 경기도 파주시 문발동 507-9번지
전화 031-949-2765   **팩스** 031-949-2766   **웹사이트** www.chaosbook.co.kr
ISBN 978-89-98338-54-1 93000

정가 18,000원

머리말

"블록 쌓기를 할 수 있다면
누구나 앱을 만들 수 있다."

앱 인벤터를 알게 된다면 누구나 스마트폰 어플리케이션을
만들 수 있습니다. 어려운 명령어를 사용하는 코딩 과정을
거치지 않고 블록 쌓기처럼 진행되기 때문에 놀이처럼 즐겁게
앱을 제작할 수 있습니다. 스마트폰에서 실시간으로 테스트를
해보며 앱을 구동해 볼 수 있습니다.

이 책은 자신만의 앱을 만들고자 하는 누구나 쉽고 즐겁게
배울 수 있도록 만들었습니다. 처음 접하는 개념들과 수록된
25개의 예제를 동화책처럼 술술 읽을 수 있도록 쉽고 친숙하게
설명하였습니다. 각 장마다 실습내용, 퀴즈, 창의 문제를
제시하여 학습한 내용을 응용하도록 유도합니다.

꿀단지처럼 달콤한 "꿀잼 앱 인벤터"는 총 4부로 구성되며,
1부에서는 앱 인벤터를 소개하여 꿀단지를 구경합니다.
2부에서는 앱 인벤터 프로그래밍에 대한 내용으로 꿀단지의
뚜껑을 열고, 3부에서 기초 실습을 통해 찍어 먹어 볼 것입니다.
마지막으로 4부에서는 심화실습을 통해 "꿀잼 앱 인벤터"를
들이킵니다.

네이버 카페 "꿀잼 앱 인벤터(http://cafe.naver.com/appinv)"에서 앱 인벤터에 대한 즉각적인 질의응답과 사용자들의 앱을 공유할 수 있습니다.

직접 떠서 만든 장갑을 끼는 것처럼 본인이 원하는 앱을 만들어 사용한다면 기쁨도 즐거움도 배가 될 것입니다. 이 책을 통해서 앱 개발에 대한 호기심을 풀고 궁금증을 채우기를 기대합니다. 앱 개발이 어렵다는 고정 관념을 날려 버리고 여러분의 재능을 마음껏 발산할 수 있도록 안내해 드리겠습니다.
이제부터 "꿀잼 앱 인벤터"의 꿀단지 속으로 들어가 봅시다.

이 책의 특징은
- 놀랄 만큼 쉽고 간단하다.
- 짧은 시간에 몽땅 배울 수 있다.
- 거의 모든 앱을 만들 수 있다.
- 음성인식 등 막강한 기능을 통째로 쓸 수 있다.
- 구글 맵과 연동된다.
- 스마트폰의 진동을 작동시킨다.
- 바로 전화걸기를 수행한다.
- 카메라를 제어한다.
- 폰의 스피커를 자유자재로 활용한다.
- 폰의 센서(가속도, GPS, 방향)들을 버튼 하나로 자유자재로 활용한다.
- 누구나 상상 속의 앱을 만들 수 있게 해준다.
- 앱 개발과 게임 제작을 25개의 예제를 통해 손쉽게 할 수 있도록 체계적으로 설명한다.
- 독자들이 단기간에 책만으로 스스로 학습할 수 있도록 개발 과정을 자세히 설명한다.

- 매 장마다 창의성 문제를 제시하여 학습 내용을 다양하게
  응용해 활용할 수 있다.
- 책 어디에서 시작하더라도 따라할 수 있도록 알차게
  구성하였다.

출판을 도와주신 카오스북 오성준사장님과 편집해주신
박혜정님께 진심으로 감사드리며 독자 여러분들이 앱 개발을
통해 정보시대를 이끌어가는 주역이 되시기를 기대합니다.

저자 일동

차 례

01 앱 인벤터 소개
꿀잼 앱 인벤터 구경하기

02 꿀잼 앱 인벤터 뚜껑열기

03 앱 인벤터 기초 실습

꿀잼 앱 인벤터 찍어먹기

04

꿀잼 앱 인벤터 들이키기

꿀잼 앱 인벤터
http://cafe.naver.com/appinv

01

꿀잼 앱 인벤터 구경하기
(앱 인벤터 소개)

Chapter 01

앱 인벤터 소개

스마트폰 앱 제작을 생각하면 복잡하고 어려운 명령어들이 먼저 떠오른다. 샛별처럼 등장한 앱 인벤터(App Invertor)는 Java나 C언어를 공부하지 않고도 멋있고 재미있는 앱을 제작할 수 있다. 머릿속으로 구상만 하던 앱을 직접 만들어 보면서 앱 인벤터의 진가를 느껴보자.

1. 앱 인벤터란?

앱 인벤터는 안드로이드 기반 휴대폰이나 에뮬레이터에 앱을 개발할 수 있도록 해주는 프로그램이다. 앱 인벤터는 구글에서 만든 크롬(Chrome) 브라우저에서 진행되기 때문에, 앱 제작을 위해 크롬을 다운로드 받고 안드로이드 기반 디바이스 (스마트폰, 태블릿 등)를 준비하는 것 외에 따로 설치해야 하는 프로그램이 없다.

또한 자체적으로 서버가 있어서 그곳에서 바로 작업을 저장할 수 있고(클라우딩 컴퓨팅), 프로젝트를 쉽게 진행할 수 있다. 명령어들을 직접 손으로 적어나가는 방식이 아니라 미리 준비되어 있는 블록들을 이용해 프로그래밍하기 때문에 어느 누구라도 손쉽게 이용할 수 있다.

2. 앱 인벤터로 활용할 수 있는 스마트폰의 기능

앱을 만들 수 있다!
지금 당신이 머릿속에서 상상하고 있는 앱! 바로 그 앱을 만들 수 있다. 이 책에 있는 실습을 통해 두더지 잡기나 골프 게임 등을 직접 만들어 보면 인터넷에 있는 플래시 게임 못지않게 재미있다는 것을 느낄 것이다. 간단한 게임은 만드는 데 10분도 채 걸리지 않는다.

그림에 있는 스마트폰 앱은 중학교 2학년 은찬이가 앱 인벤터를 처음 접하고 한 시간 만에 만든 게임 "곰탱이를 잡아라"이다. 스마트폰으로 누구나 재미있게 즐길 수 있는 두더지 잡기와 같은 게임을 프로그래밍을 단 한 번도 해보지 않았던 은찬이가 손쉽게 만들어 내었다. 소리도 나고, 게임 진행 시간도 표시되며 잡은 곰탱이 숫자도 표시된다.
너무나 환상적이지 않은가?

은찬이가 한 시간만에
만든 곰탱이 잡기
스마트폰 화면

3. 앱 인벤터로 어떤 기능을 만들 수 있을까?

앱 인벤터 제작진은 안드로이드 휴대폰의 기능을 거의 모두
사용할 수 있게 설계했다. 프로그램을 통해서 정보저장, 실행반복,
조건문을 사용할 수 있으니, 안되는 게 없다고 할 수 있다.

앱 인벤터가 GPS 센서에 접근할 수 있게 해주기 때문에,
현재 위치를 알려주는 앱을 만들 수도 있다. 자동차를 어디에
주차해 뒀는지 기억하는 앱, 콘서트에 같이 간 친구를 찾는 앱,
박물관이나 혼잡한 대형 쇼핑몰에서 활용할 수 있는 개인용 길
찾기 앱도 만들 수도 있다.

안드로이드 스마트폰이 가지고 있는 기능을 사용하여 사랑하는
사람에게 "보고 싶어"라는 문자를 주기적으로 보내게 하거나,
운전 중에 켜 두고 문자나 연락이 왔을 때 "운전 중입니다."라는
문자 메시지를 보내주는 앱도 만들 수 있다. 문자를 직접
음성으로 읽어주는 앱을 만들 수도 있다.

앱 인벤터는 인터넷과 연결하여 사용할 수도 있다.
웹 어플리케이션을 만들 수 있다면, 앱 인벤터로 페이스 북이나
트위터 같은 SNS사이트와 연동하여 소통하는 앱을 만들 수도
있다.

4. 앱 인벤터 작업 환경

앱 인벤터는 Mac OS, GNU/Linux, 그리고
Windows 운영체제와 안드로이드 기반
기기들에서 사용할 수 있다. 앱 인벤터에서
만들어진 앱은 안드로이드 스마트폰에 설치할
수 있다.

- 컴퓨터 용어 중 [환경]이란 말을 매우
  자주 쓰는데, 어떤 작업을 수행할 컴퓨
  터의 기본적인 요구조건이다. 게임을
  할 때 사양이 꼭 맞아야 하는 것처럼,
  프로그래밍 환경을 꼭 갖추어야 한다.
- 앱 인벤터는 미국의 MIT대학에서 제작
  한 프로그램으로 영어가 기본 언어이
  다. 기본적인 영어를 할 수 있다면 본
  프로그램을 이해하기가 훨씬 수월하다.

앱 인벤터 준비

앱 인벤터를 사용하기 위해서는 구글 계정 (https://accounts.google.com/)이 있어야 한다. 그리고 크롬 브라우저에서만 작동하기 때문에 크롬을 설치해야 한다.

1. 크롬 브라우저 설치

현재 일반적으로 사용하는 MS의 인터넷 익스플로러에서는 앱 인벤터2가 잘 작동되지 않는다. 때문에 크롬 브라우저를 설치해야 한다. 사용하고 있는 익스플로러에서 구글의 크롬 사이트 http://google.com/chrome에 접속하여 아래 그림과 같이 [Chrome 다운로드]를 선택한다.

차원이 다른 웹 서핑을 즐겨보세요.

컴퓨터, 휴대전화, 태블릿을 위한 하나의 브라우저

Chrome 다운로드

Windows 8/7/Vista/XP용

2. 구글 계정 만들기

앱 인벤터는 웹상에서 작업을 해야 하므로 구글에 등록할 수 있는 아이디가 필요하다. 구글 계정(google account)은 https://accounts.google.com/에서 만들 수 있다.

3. 앱 인벤터 시작

설치가 완료된 크롬 브라우저에서 http://appinventor.mit.edu에 접속하고 오른쪽 끝에 있는 주황색의 Create 버튼을 선택한다.

이제 앱 인벤터를 시작할 준비가 다 되었다.
어떤가? 너무 간단해서 이상하지 않은가?
걱정하거나 두려워 할 필요가 하나도 없다. 이것이 바로 누구나 쉽게 프로그램을 만들 수 있도록 하는 앱 인벤터의 철학이다. 그러니 이제 직접! 열심히! 재미있게! 따라하기만 하면 된다.

Chapter 03

앱 만들기 실습

지금까지 준비를 했다면, 무엇보다 중요한 건 열심히 내 손으로 해 보는 것이다! 지금은 아무것도 모르는 상태이지만 일단 한번 아래 순서에 따라서 그냥 해보자.

"안녕하세요" 앱 만들기 ●━━━━━━ 이번 실습의 제목이다.

이 앱은 스마트폰을 흔들면 지정한 문장인 "안녕하세요"를 소리 내어 읽는다.

학습내용 ●━━━━━━ 앞으로 무엇을 배울지 확인하자.

• 가속도 센서 [AccelerometerSensor] 컴포넌트의 활용
• 문장을 음성으로 읽어 주는 [TextToSpeak] 컴포넌트의 활용
• 문자열 활용

학습목표 ●━━━━━━ 실습 후에 머릿속에 남겨져야 할 것들이다.

이 앱을 마치면 다음과 같은 것들을 할 수 있다.

• 가속도 센서로 폰의 흔들림을 감지할 수 있다.
• "안녕하세요" 문장을 입력할 수 있다.
• 문장을 말로 바꿀 수 있다.

다음의 단계에 따라 앱을 스마트폰에서 실행하고 폰을 흔들면 "안녕하세요"라고 말하도록 해보자.

- **단계1:** 새 프로젝트 만들기

⬇

- **단계2:** [디자이너]에서 컴포넌트 추가하기

⬇

- **단계3:** [블록] 에디터로 컴포넌트가 할 일을 지정하기

⬇

- **단계4:** 폰에서 [블록] 에디터 테스트하기

1. 새 프로젝트 "shakeTalk" 만들기
지금부터 열심히 따라하자!

1. 크롬브라우저 실행

크롬브라우저(인터넷 익스플로러가 아님)에서 앱 인벤터 홈페이지에 접속하고 오른쪽 상단의 [Create]를 선택한다.

앱작성 준비 단계

- 단계1: 앱 인벤터 홈페이지 접속 http://appinventor.mit.edu [Create] 선택
- 단계2: ID와 패스워드로 로그인
  없는 경우
  http://gmail.com에서
  만든다.
- 단계3: [Project] 메뉴에서 [Start new project...]를 선택한다.
- 단계4: 프로젝트 이름을(shakeTalk) 적는다.
  영어 알파벳으로 시작하고
  특수 문자는 사용 못함

2. 새 프로젝트 만들기

MIT 앱 인벤터 홈페이지에 접속하고  를 선택한다.

안내에 따라 gmail의 ID와 패스워드로 접속한다. 이메일과
비밀번호를 적고 로그인 버튼을 누른다. 만약 계정이 없거나
처음 접속하면 아래 부분의 [가입하기]의 안내를 따라
gmail에 가입한다.

화면 중간 부분의 [Project]를 클릭하여 [Start new project...]를
선택한다.

[My Projects]에는 내가 만든
앱을 웹 클라우드에 보관해 주며
인터넷을 통해 언제 어디서든지
사용할 수 있다.

앱 프로젝트 이름을 입력하자. 첫 글자는 반드시 영어 알파벳이어야 하고 두 번째부터 숫자나 밑줄이 올 수 있다. 한글이나 특수문자는 사용하지 못한다. "shakeTalk"를 입력하고 [OK]를 클릭하자.

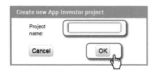

다음과 같이 프로젝트가 생성된다. 프로젝트는 제작한 앱에 대한 정보를 담고 있는 바구니와 같다.

프로젝트를 눌러 앱 제작을 시작하자.

2. 디자이너[Designer]에서 컴포넌트[Component] 준비하기

처음 시작하는 단계라 제목부터 무슨 말을 하는지 이해가 안 될 수 있지만 무작정 교재를 따라 앱 프로그래밍을 준비해 보자. 따라하다 보면 자연스럽게 머릿속에 들어오고 손에 익을 것이다.

1. 가속도 컴포넌트의 추가

왼쪽 탭에 있는 [Palette] 아래의 [Sensors]를 선택하면
스마트폰에 들어 있는 여러 개의 센서가 보인다.
[AccelerometerSensor]라고 표시가 된 가속도 센서는 움직임을
인식하는 센서이다. 이 위에 마우스를 꾹 누른 채 오른쪽에 있는
[Screen1]으로 이동(드래그)하여 빈칸에 놓는다.

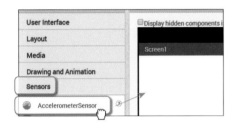

2. [TextToSpeech] 컴포넌트의 추가

[TextToSpeech] 컴포넌트는 문장을 음성으로 변환해 준다.
[Media]의 아래 부분에 있는 이 컴포넌트를 끌어다가
[Screen1]에 놓자.

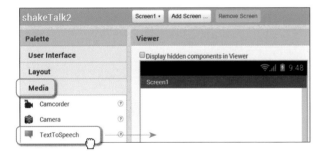

이렇게 드래그하여 끌어다 놓은 두 컴포넌트는 화면 아래 부분 [Non-visible components] 밑에 자동으로 추가된다.

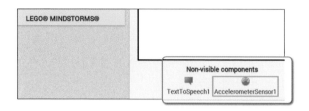

3. 블록[Blocks] 에디터에서 기능 설정하기

앱 인벤터의 꿀잼이 들어 있는 단계이다.
오른쪽 윗부분의 [Blocks]을 선택하여
블록 에디터로 이동하여, 블록
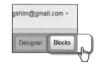
쌓기를 시작하자. 지금 수행하는 작업들이 레고 블록 쌓듯이
쉽게 수행하여 앱의 기능을 설정하는 앱 인벤터만의 독특한
프로그래밍 방식이다. 너무 쉽지 않은가!

1. 가속도 센서로 흔들림 감지하기

좌측 [Blocks]에서 [Screen1] 아래의 가속도 센서
[AccelerometerSensor1]을 선택하면 Viewer에 몇 가지 동작을
하는 블록이 보인다. 이 중 두 번째 보이는
[when {AccelerometerSensor1}.Shaking]을 마우스로 누른 채
오른쪽 빈칸으로 옮기자. 이 블록은 폰의 흔들림을 감지한다.

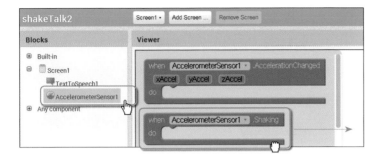

2. 말하기[TextToSpeech] 컴포넌트의 추가

[Blocks]의 [Screen1]에 [TextToSpeech1]을 선택한 후, Viewer에서
[call {TextToSpeech1}.Speak]를 끌어다가 Shaking 블록 사이에
끼워 넣는다.

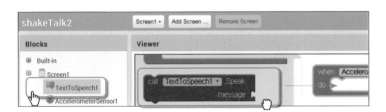

3. [Text] 추가

[Blocks]의 [Text]를 선택하고 빈 문자열 ["   "]을 끌어다
message 옆에 끼워 넣는다.

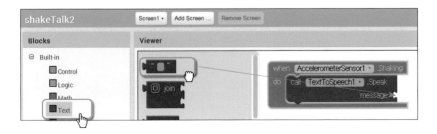

4. 문장의 추가

" " 사이의 네모 박스에 마우스를 클릭하여 "안녕하세요"를
입력하고 [Enter] 키를 친다. 이제 프로그램이 완성되었다.

4. 스마트폰에서 테스트하기

1. 실시간 폰에 연결하기

[Connect]에서 [AI Companion]을 선택하면 QR 코드가 나온다.

컴퓨터는 잠시 놔두고 휴대폰을 살펴보자. 4장으로 잠시
건너뛰어 스마트폰에서 앱 인벤터를 실행시킬 준비를 해야 한다.

4장을 따라 실행준비를 마쳤다면,
휴대폰에 [MIT AI2 Companion]을
실행시킨다.

Wifi를 사용하지 않는 경우에는
4장의 2절 혹은 3절의 설명을 따른다.

아래 [scan QR code]를 누른 다음
스마트폰으로 QR 코드를 인식시켜
조금만 기다리면 앱이 실행된다.

오류가 나면 http://cafe.naver.com/appinv/57을 참고하자.

2. 테스트하기

스마트폰을 조금 세게 흔들어 보자. "안녕하세요"라고 말하는
음성을 들을 수 있다.

지금까지 무작정 하나의 앱을 만들어 보았다. 앱 인벤터와
함께라면 앱 제작이 하나도 어렵지 않다는 것을 느꼈을 것이다.
이 책에는 총 26개의 다양한 실습들이 수록되어 있다. 그럼 다른
실습을 시작하기에 앞서 다음 장에서 앱 인벤터가 무엇인지에
대해 조금 더 맛을 보고 가도록 하자.

3. 동영상 강의

이 앱 만들기에 대한 동영상 강의는
다음의 '꿀잼 앱 인벤터' 네이버 카페에서 보고 들을 수
있다(http://cafe.naver.com/appinv/105).

요약

- 가속도 센서를 활용하기
- 문장을 말해 주는 [TextToSpeak] 컴포넌트의 활용
- 문자열 활용하기

퀴즈 ●─────────── 배운 내용을 확인하는 간단한 문제들

- 폰을 흔들었을 때 가속도를 감지하여 응용할 수 있도록 해 주는 블록의 이름은 무엇인가?

창의성 문제 ●──── 배운 내용을 창의적으로 사용해 보는 문제들

- 흔들면 말하고 또 버튼을 클릭해도 말하는 앱을 만들어 보세요.

앱 인벤터 테스트 준비하기

앱 인벤터는 프로그램 제작과 동시에 테스트를 해볼 수 있는데, 이를 위해서는 몇 가지 작업이 필요하다. 다음 세 가지 경우(Wifi, 에뮬레이터, USB) 중 현재 가능한 환경에 해당되는 것을 따라하면 된다.

1. Wifi로 연결하기

1. 구글 플레이에 접속하여 "MIT AI2 Companion" 앱을 설치한다.

스마트폰으로 QR 코드를 인식하면 바로 다운 받을 수 있는 페이지로 연결된다.

지금 QR 코드를 인식하는 앱이 없다면 구글 플레이에서 "QR Droid"를 찾아서 설치하기를 추천한다.

2. 컴퓨터와 안드로이드 장치(스마트폰)를 같은 Wifi 네트워크에 연결한다.

같은 Wifi 네트워크에 연결되이 있다면,
앱과 앱 인벤터가 실시간으로 동기화된다. ●————

폰과 컴퓨터가 동일한 공유기를
사용해야 실시간 테스트가 가능하다

3. 앱 인벤터 프로젝트를 열고 안드로이드 장치(스마트폰)에 연결한다.

앱 인벤터에서 Project를 새로 만들거나 열고 "Connect"에서
"AI Companion"을 누른다. QR 코드가 나오면
MIT App Companion 앱을 실행시켜 Scan QR code를 눌러
QR 코드를 인식시켜 주면 실시간으로 테스트를 할 수 있다.

QR 코드로 작동이 잘 되지 않는다면, "Connect with code"를
눌러 직접 6자리 코드를 입력해도 된다(네이버 카페 57번 참고).

2. 에뮬레이터 사용하기

여러 사람들에게 보여주는 수업을 하거나 스마트폰을 소지하지
않고 있는 경우 에뮬레이터를 이용해 컴퓨터에서 실행해 볼 수
있다.

1. aiStarter 프로그램 다운로드 및 설치

- Max OS X인 경우: http://appinv.us/aisetup_mac을 주소창에 입력해 프로그램을 다운 받는다.
- Windows인 경우: http://appinv.us/aisetup_windows를 주소창에 입력해 프로그램을 다운 받는다.

2. aiStarter 실행

프로그램을 설치하면 바탕화면에 "aiStarter" 아이콘이 생성되었을 것이다. 만약에 바탕화면에 아이콘이 보이지 않는다면 C:₩Program Files₩Appinventor₩commands-for-Appinventor(32비트) 또는 C:₩Program Files (x86)₩ Appinventor₩commands-for-Appinventor(64비트)에서 찾을 수 있다.

더블클릭하여 실행했을 때, 다음과 같은 창이 뜨면 정상적으로 작동된 것이다.

3. 에뮬레이터에 연결하기

"Connect"에서 "Emulator"를 선택하면 aiStarter에서는
다음과 같은 작업이 실행된다.

에뮬레이터가 실행되면 스마트폰처럼 사용하면 된다.

3. USB 케이블 사용하기

Wifi 연결이 잘 되지 않거나 서비스를 이용할 수 없을 때,
USB 케이블과 안드로이드 장치가 있다면 앱 인벤터에 연결할 수
있다.

1. **aiStarter 프로그램 다운로드 및 설치**(2. 에뮬레이터 사용하기 참조)

2. **구글 플레이에 접속하여 "MIT AI2 Companion" 앱을 설치**

　　(1. Wifi로 연결하기 참조)

3. **aiStarter 실행**(2. 에뮬레이터 사용하기 참조)

4. 안드로이드 장치에서 USB 디버깅 켜기

스마트폰이나 태블릿 PC에서는 USB 디버깅(Debugging)을 허용해야 한다.

- Android 3.2 이상 버전:
  [Settings(환경설정)] 〉 [Applications(어플리케이션)] 〉 [Development(개발자 옵션)]

- Android 4.0 이상 버전:
  [Settings(환경설정)] 〉 [Developer options(개발자 옵션)]

- Android 4.2 이상 버전:
  개발자 옵션이 숨겨져 있기 때문에 [Settings(환경설정)] 〉 [About phone(디바이스 정보)]에서
  [Build number(빌드 번호)]를 7번 두드려 주면
  [Setting(환경설정)]에서 개발자 옵션을 찾을 수 있다.

안드로이드가 계속해서 업데이트되고 있기 때문에, 그 이후 변경된 사항은 http://cafe.naver.com/appinv에서 확인하여 실행하면 된다.

5. 컴퓨터와 장치 연결하기

USB케이블을 컴퓨터에 연결한다. 내 컴퓨터에서 연결을 확인할 수 있으며, 해당 기기에 맞는 소프트웨어가 자동으로 깔리는지 꼭 확인하자.

안드로이드 장치에서 USB Debugging을 할 것인지 묻는 창이 나타나면, OK를 클릭한다. 컴퓨터에 연결할 때마다 매번 새 창이 뜰 수 있다.

이후에는 앱을 제작한 후 QR 코드를 찍어 테스트하면 된다.

aiStarter 프로그램을 업데이트할 경우

- 설치된 앱 인벤터를 Program File에서 찾고 제거(uninstall)한다.
- 반드시 컴퓨터를 다시 시작한다. ●─────── 매우 중요!
- 윈도우 설치 파일 다운로드 http://appinv.us/aisetup_windows
- 마우스 오른쪽 버튼으로 파일을 클릭하고 ●─────── 폴더 변경 금지
  [관리자로 설치] 한다
- 반드시 컴퓨터를 다시 시작한다. ●─────── aiStarter 프로그램이
  실행된다.

앱 패키징 및 앱 공유

앱 인벤터에서 만든 앱을 테스트한 후 MIT AI2 Companion을
끄면 더 이상 사용할 수 없다. 스마트폰에 다운로드한 앱의
확장자는 대게 .apk이다. 앱 인벤터에서 만든 앱을 휴대폰에
저장하고 싶다면 .apk로 변환해 주어야 한다. 앱 인벤터 화면
상단 Build에서 QR 코드로 전송 받을 것인지 컴퓨터에 저장할
것인지 선택하면 .apk형태로 저장된 어플리케이션이 완성된다.

주의할 점은 QR 코드를 다른 사람들에게 보내면 앱이
다운로드되지 않는다. 앱 인벤터가 켜져 있고, 그 자리에서 바로
QR 코드를 인식해야 다운로드가 실행되며 그 이후에는
QR 코드는 아무런 정보를 갖지 못한다. 컴퓨터나 휴대폰에
저장된 .apk 파일을 사용하여 공유하면 된다.

컴퓨터에 저장하기를 선택하면 다운로드가 시작된다.

다운로드가 끝나면 휴대폰으로 옮겨 설치할 수 있고, 친구들에게 전송할 수도 있으며, 구글 플레이 스토어(Google Playstore)에 올려 전 세계 사람들이 사용하게 할 수도 있다.

앱 인벤터에서 제작한 어플리케이션을 다른 사람이 활용할 수 있게 하려면 .aia 확장자를 가진 소스코드를 저장해야 한다. aia 확장자는 프로젝트 그 자체를 저장하는 것이기 때문에 모든 블록들이 그대로 보존되어 더 좋은 기능을 바로 추가할 수 있다.

파일 확장자	설명
.apk	앱 실행파일
.aia	앱 소스코드

프로젝트의 소스코드 블록들은 [File] 〉 [Export Project]로 보내면 .aia 파일이 내 컴퓨터에 다운로드된다. 이것을 다른 사람에게 보내면 이 파일을 받은 사람은 메뉴의 [File] 〉 [Import Project]로 열어 볼 수 있다.

02 꿀 잼 앱 인 벤 터

꿀잼 앱 인벤터 뚜껑열기
(앱 인벤터 프로그래밍)

디자이너[Designer],
블록[Blocks] 에디터

앱 인벤터의 가장 기본이 되는 디자이너 틀과 블록 에디터 틀을
소개한다.

1. 디자이너[Designer]

1. 팔레트[Palette]

컴포넌트를 모아 놓은 곳으로, 쓰고자 하는 컴포넌트를 찾아서
[Viewer]에 끌어다 놓으면 앱에 사용할 수 있다.

2. 디자이너[Designer] 버튼

버튼을 누르면 Designer 화면(현재 화면)으로 바로 이동한다.

3. 컴포넌트 속성[Properties]

컴포넌트를 선택하고 속성(색, 크기, 간격 등)을 이곳에서
변경한다. 속성은 앱을 실행하면서도 바꿀 수 있다.

4. 뷰어[Viewer] 화면

컴포넌트를 이곳에 옮기면 앱에 사용할 수 있다. 실제 앱이
휴대폰에서 어떻게 보이는지 이곳에서 확인한다.

디자이너[Designer] 버튼

팔레트[Pallette]

컴포넌트 속성[Properties]

뷰어[Viewer] 화면

2. 블록[Blocks] 에디터

1. Built-In-Drawers

자주 쓰이는 일반적인 명령블록들을 모아 놓은 공간으로,
Block Viewer에 끌어다 놓으면 해당 기능이 앱에 추가된다.

2. 컴포넌트 Drawers(Component - Specific Drawers)

특정 컴포넌트와 관련된 명령블록들을 모아놓은 공간으로, Block
Viewer에 끌어다 놓으면 해당 컴포넌트의 기능이 앱에 추가된다.

3. 블록 뷰어[Viewer] 화면

블록을 옮겨서 프로그램을 제작하는 화면 공간이다.

4. 블록[Blocks] 버튼

버튼을 누르면 Block 화면(현재 화면)으로 바로 이동한다.

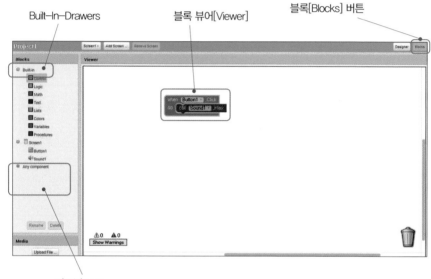

Built-In-Drawers
블록 뷰어[Viewer]
블록[Blocks] 버튼

컴포넌트 Drawers

블록[Blocks]의 소개

위 블록은 책에 수록되어 있는 [MoleMash] 프로그램의
일부이다. 평소 생각하던 프로그래밍과 모습이 많이 다르다.
앱 인벤터가 쉽고 간단한 이유는 바로 이 블록들 덕분이다.
이제부터 만들 앱의 모든 기능들은 블록을 통해서 만들어진다.

본격적으로 앱 인벤터 프로그래밍에 대해 알아보자.

1. 이벤트 핸들러(Event Handler)

이벤트(Event)란 스마트폰을 흔들거나, 버튼을 누르거나,
특정 시간이 지나가는 경우 등 프로그램이 인식할 수 있는
어떤 상태의 변화를 의미한다.

버튼을 누르면(이벤트 발생) > 소리를 낸다(반응)

이러한 이벤트가 발생했을 때 프로그램이 어떤 반응을 보여야
할지 알려주는 블록이 이벤트 핸들러이다.

이벤트 핸들러에는 when이 적혀 있다. when은 "~을 할 때"라는
의미로, when 다음에 오는 문장은 이벤트에 대해서 설명해 주는
내용이며, do 이후에는 그 이벤트에 대한 반응을 설명해 주어야
한다.

위 블록은 Button1이 Click(클릭)되었을 때 Sound1을
play(소리 내기)하는 반응을 가지는 부분이다.

2. 명령(Command)블록과 표현(Expression)블록

1. 명령블록

우리가 프로그램에게 어떠한 반응을 보이라고 지정하는 것을
명령이라 한다. 명령블록은 앱이 구체적으로 어떻게 작동할지를
결정하는 블록이다.

앱 인벤터에서는 모양이 비슷한 블록은 서로 끼워 맞출
수 있다고 생각하면 맞다. 명령블록은 서로 연결될 수도
있고, 이벤트 핸들러에 끼워 들어갈 수도 있다. 위 명령들은
[UpdateScore를 호출하라], [global Score를 0으로 설정하라],
[Canvas1의 BackgroundColor(배경색)를 흰색으로 설정하라]는
명령블록이다.

주황색과 초록색 명령 블록을 보면 오른쪽에 작은 홈(Socket)이
파여져 있고 그곳에 다른 블록이 끼워져 있다. 끼워진 블록들이
명령을 수행하기 위한 상세한 값을 명령블록에 전달해 주는
표현블록이다.

2. 표현블록

어떤 명령을 제대로 수행하기 위해 정보가 더 필요할 때 그
변수정보를 매개변수(Parameter)라고 한다. 매개변수를 전달하는
데 명령블록이 사용된다.

위 그림의 파란색, 흰색 블록은 그 왼쪽에 있는 블록들에게 0이란
숫자 정보와 흰색이라는 색깔 정보를 전달한다. 홈에 꼭 맞게
모양이 되어 있고, 왼쪽으로 튀어나온 모양을 하고 있기 때문에
그 홈을 통해 정보를 전달한다고 생각하자.

명령이 복잡하다면 옆으로 필요한 블록들을 계속해서
붙여나가면 된다.

아래 표현 블록은 모두 500을 의미한다.

3. 블록 다루기

블록에다 마우스를 대고 오른쪽 버튼을 클릭하면 여러 가지
기능을 확인할 수 있다. 그 외에 블록을 다루는 방법을 소개한다.

1. 바로 삭제

마우스로 끌어 휴지통에 버리기 귀찮으면 마우스 오른쪽 버튼을
클릭 후 [Delete]키를 누른다.

2. 복사하기

특정 블록을 다시 입력하기 귀찮다면 마우스 오른쪽 버튼 클릭
후 [Duplicate]를 눌러 복사하여 붙여 넣는다.

실행순서

가로로 연결되는 블록들은 한 명령을 실행하기 위해 있고,
각각의 명령들을 수행하는 큰 블록을 만들 때는 세로로 연결하게
되어 있다. 이렇게 여러 개의 블록들이 모여 있는 것을
블록 스택(Stack)이라고 하는데, 위에서 아래로 진행되는 규칙에
따라 순차적으로 실행된다.

위 이벤트 핸들러 안에 속해 있는 명령블록 스택은 이벤트가
실행되면 위에서 아래로 실행되며, global Time을 1만큼
증가시켜 준 뒤, UpdateTime을 호출한다. 순서대로 실행되지만
이 과정은 워낙 빠르게 진행되기 때문에 앱을 구동하면 동시에
일어나는 것처럼 보인다.

실행순서가 뒤바뀌면 전혀 다른 결과를 나타낼 수 있기 때문에
실행순서의 결정에 주의를 기울여야 한다.

컴포넌트[Component]

가속도 센서, 스피커 사용, 타이머, GPS 등등 앱을 구성하는
구성요소들을 컴포넌트라고 한다. 컴포넌트 속성 조작방법과
기본적인 컴포넌트를 다루는 방법에 대해 알아보자.

1. 컴포넌트 속성 값 다루기

[Textbox]의 가로 넓이와 배경색, 또는 [Timer]의 시간간격 등이
각각의 컴포넌트 속성 값이다. 기본적인 속성 값들의 초기 값은
[Designer] 〉[components]에서 해당 컴포넌트를 선택하여 우측
[Properties]탭에서 변경할 수 있다. 기본적인 컴포넌트의 이름은
그 컴포넌트의 종류에 뒤에 숫자를 붙여 TextBox1,2,3과 같이
설정되지만, 보기 좋게 하기 위해 적절한 이름으로 변경해 줘도
좋다.

[Blocks] 틀에 이러한 속성 값이 필요할 때 꺼내어 변수로 사용할
수 있고, 속성 값을 원하는 값으로 변경해 줄 수도 있다.

오른쪽에 있는 블록들은 속성 값을 가져오는 **get** 블록들이고, 왼쪽에 있는 블록들은 속성 값을 변경시키는 **set** 블록들이다. set 블록에 원하는 값을 의미하는 표현블록을 끼워 넣으면 컴포넌트 속성을 변경하는 명령블록이 완성된다.

get 블록과 set 블록은 컴포넌트에 마우스를 갖다 대었을 때 나오는 블록들에서 바로 가져올 수 있다. 이벤트 핸들러의 상단에 컴포넌트 속성들이 있는데, 그 곳에 마우스를 대어도 get 블록과 set 블록을 가져올 수 있다.

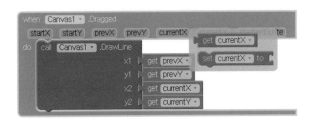

2. 글상자[Textbox] 컴포넌트

숫자나 글을 입력 받고 싶을 때 사용하는 컴포넌트다. [Designer] 〉 [Palette] 〉 [User Interface] 〉 [TextBox]를 끌어다 [Viewer]에 올려서 사용한다.

글상자 컴포넌트는 입력 받는 문자를 그대로 읽어 들이는 데 주로 사용되지만, 글상자의

사이즈, 입력되는 문자의 크기, 색상 등을 바꿀 수 있다.
숫자만을 입력받고 싶다면 Properties에서 NumbersOnly에
체크를 해 주면 된다.

TextBox.Hint라는 명령블록이 있는데, 이 속성은 글상자에
아무것도 입력하지 않았을 때 회색으로 엷게 미리 보여주는
내용을 의미한다. "비밀번호를 입력하세요."와 같은 힌트 글을
넣을 수 있다.

암호 글상자(PasswordTextBox) 컴포넌트는
글상자 컴포넌트와 동일하지만, 입력받을 때
문자를 *표로 표시한다는 점만 다르다. 비밀번호를 입력 받는
화면 창에서 사용할 수 있는 컴포넌트이다. 글상자와 마찬가지로
읽어 온 글자를 확인할 수 있는데, 다만 화면에 *표로 표시될
뿐이다.

문장을 사용할 때 한 줄로 적다 보면 줄 바꿈이 필요하다. 그때 사용되는 명령어가 \n인데, \n은 많은
컴퓨터 프로그래밍 언어(C언어, JAVA)에서 줄 바꿈 명령어로 사용된다. one\ntwo\nthree라고 입력하
면 3개의 줄로 표현된다. \(역 슬래쉬)는 일반적으로 원(₩)문자로 표시되기 때문에 ₩n이라고 입력해
도 같은 결과를 나타낸다.

3. 캔버스[Canvas] 컴포넌트

그림을 그릴 때 캔버스를 사용하듯, 그림을 그리는 기능이
있는 앱을 만들 때 캔버스 컴포넌트가 사용된다. [Designer]
〉 [Palette] 〉 [Drawing and Animation] 〉 [Canvas]를 끌어다
[Viewer] 위에 놓으면 사용할 수 있다. 캔버스 컴포넌트가
사용된 "그림 그리기 앱 만들기" 예제의 일부를 살펴보자.

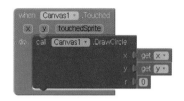

먼저 나오는 [when {Canvas1}.Touched] 이벤트 핸들러는
스마트폰의 화면을 누르면 작동하게 되어 있다. 이벤트가
작동되면 지정된 위치에 반지름이 r인 원을 그려주는
DrawCircle 명령이 수행된다. when.Touched 이벤트 핸들러의
x, y 값은 손이 닿은 좌표의 좌표 값을 의미한다. 이 좌표 값이
원의 중심이 되어 원이 그려진다.

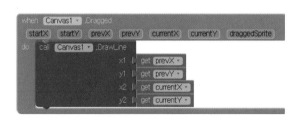

위 블록은 손을 화면에 대고 그으면 손을 따라 선을 그리는
명령을 수행한다. [when {Canvas1}.Dragged] 이벤트가 발생하면,
Drawknife 명령블록이 실행된다.

[currentX]는 현재 손가락이 위치하는 지점의 X좌표 값,
[prevX]는 바로 이전에 손가락이 위치했던 지점의 X좌표,
[startX]는 드래깅이 시작된 가장 초기 위치의 X좌표 값을
의미한다.

DrawLine 명령블록의 x1, y1, x2, y2는 어디서부터 어디까지
선을 그을지 알려주는 값들인데, 지금은 손가락이 움직이면 그

사이에 선을 그어주라는 명령을 수행한다. 곡선을 그리고 자세히
보면 직선들이 모여 있는 것을 볼 수 있을 것이다.

DrawCircle이나 DrawLine은 [set {Canvas1}.PaintColor]에 설정된
색으로 그려지기 때문에 색을 변경할 수도 있다. 이 방법은
"그리기 앱 만들기" 예제에서 확인하자.

선의 굵기는 캔버스 컴포넌트에서 [LineWidth]속성이 결정한다. 손이 닿으면 그
곳에 LineWidth 만큼의 세로길이를 가진 직사각형을 계속해서 그려나가며,
[LineWidth]를 크게 해 놓고 선을 그려보면 직사각형을 확인할 수 있다.
[LineWidth]속성은 블록으로 변경이 가능하기 때문에 앱에서 계속해서 변경할
수도 있다.

LineWidth를 50으로
설정하고 그은 선

4. 글로벌 변수(전역변수)

보통 이벤트 핸들러 안에서의 변수들은 그 핸들러를 벗어나면
사용할 수 없다. 그러나 앱을 만들 때 특정 정보 값을 다른
이벤트 핸들러에서도 기억해 주는 어떤 장치가 필요할 것이다.
예를 들어 글상자를 통해 입력 받은 숫자를 저장해 놓고
사용하고 싶을 때 전역변수를 사용한다.

프로그램 안에서 어디서든지 계속 사용할 수 있는 변수를
전역변수라고 한다. [Blocks] 〉 [Blocks] 〉 [Built-in] 〉
[Variables]에서 찾을 수 있다. 전역변수는 앞에 [global]이란
단어가 붙어 있는데, 초기 값을 지정해 주어야 한다. 변수의
이름은 마음대로 지어도 상관없지만 다른 프로그래머가
직관적으로 이해할 수 있는 이름을 만들어 주는 것이 좋다.

오른쪽 상단의 블록은 DotSize라는 이름을 가진
전역(global)변수를 2로 지정한 것이다. 왼쪽의 이벤트 핸들러들은
버튼이 눌려졌을 때 DotSize변수를 계속해서 변경시켜 주는
역할을 한다. DotSize의 현재 값을 1만큼 줄이고 싶다면,
DotSize에서 1만큼 뺀 것을 다시 DotSize에 넣어주면 된다.

컴퓨터 프로그래밍에서 전역변수와 상반되는 변수는 지역(local)변수라고 한다. 이벤트 핸들러 안에서 사용되는 [startX]
값과 같은 변수들이 지역변수인데, 지역변수는 존재할 수 있는 범위가 한정되어 있어서 다른 곳에서 사용한다면 에러
가 발생할 수 있다. 변수들이 존재하기 위해서는 컴퓨터상의 메모리가 필요하다. 지역변수는 이벤트 핸들러가 시작될
때 생성되고, 끝나면 변수도 함께 사라지지만 전역변수는 프로그램이 켜지면 생성되고, 다시 꺼질 때까지 존재하기 때
문에 메모리를 많이 차지할 수도 있다. 낭비되는 메모리를 최소화하기 위해 변수의 형태를 지정하는 것은 프로그래밍
의 필수요소이다.

5. 시계[Clock], 타이머[Timer] 컴포넌트

시간을 알려주는 시계를 사용하고 싶거나, 타이머가
필요할 때 사용하는 컴포넌트다. 동일한 컴포넌트이지만
두 가지 모두에 사용할 수 있다. 다른 용도로 사용되기 때문에
용어를 구분하여 사용한다. [Designer] 〉 [Palette] 〉 [Sensors] 〉
[Clock]을 [Viewer] 안에 집어넣으면 사용할 수 있다.

타이머는 일반적으로 일정한 시간마다 한 번씩 명령이 실행되게
할 때 사용된다. 타이머 컴포넌트를 누르고 [Properties]를
확인하면 [TimerInterval]이 있는데, 타이머가 켜지면 그 시간
간격만큼 계속해서 호출을 해 준다. 이곳에 들어가는 시간의
단위는 ms(1/1000초)이므로 1000을 입력하면 매초마다
호출되어진다. 특정 이벤트로부터 시간을 측정할 때는
전역변수를 두고 시간마다 그 값을 증감시켜 주면 된다.

[when {Timer}.Timer] 이벤트 핸들러를 사용한 블록이다. 타이머
컴포넌트 Timer가 호출될 때마다 global Time이 1씩 증가하고,
UpdateTime 블록을 실행시킨다. Timer의 TimerInterval이
1000이었다면 이 블록은 1초마다 실행되고, 1초마다 1씩 증가할
것이다. 따라서 시간이 global Time 초만큼 지났다는 것을 알 수
있다.

이벤트 핸들러를 통해서 타이머를 켜주는 방법을 사용해도
되고, 직접 타이머의 스위치를 올려주는 방법도 있다. [Clock]의
TimerEnabled를 true로 설정해 주면, 시계 컴포넌트가 켜지면서
신호를 보내고, 이를 원하는 곳에 사용할 수 있다. 반대로
타이머를 종료시키고 싶다면, TimerEnabled를 False로 설정하면
된다.

6. 공[Ball], 스프라이트[ImageSprite] 컴포넌트

Sprite(스프라이트)는 컴퓨터 용어로 도형이나 그림체 등을 의미한디.

도형의 움직임을 표현한 것이 애니메이션이다. 앱에 애니메이션을 추가하고자 할 때 스프라이트 컴포넌트를 사용한다. 공을 그려주는 컴포넌트는 앱 인벤터에서 제공해 주는데 [Designer] 〉 [Palette] 〉 [Drawing and Animation] 〉 [Ball]에서 찾을 수 있다.

위치가 변경될 때마다 새로 원을 그려주는 것이 아니라, 만들어진 공이 움직이는 방법을 사용하게 된다. 공과 관련된 이벤트 핸들러들은 공 위에 손가락을 올렸을 때, 또는 지정한 벽면에 공이 닿았을 때 등과 같이 많은 상황들을 표현할 수 있다. 명령블록들은 지정한 좌표로 움직이게 하기, 회전시키기 등이 있으니 원하는 애니메이션을 마음대로 움직이기에 충분할 것이다. 공의 크기는 Properties에서 radius를 이용해 변경이 가능하다.

스프라이트 컴포넌트는 공과 똑같은 역할을 하지만, 원하는 이미지를 삽입하여 사용할 수 있다는 장점이 있다. [Properties]의 [Picture] 속성에서 이미지로 넣고자 하는 스프라이트를 선택하여 업로드한다.

클릭하여 확인하면 아래와 같은 업로드된 파일의 리스트가 보인다. 아무것도 업로드하지 않았다면 None만 나타날 것이다. 여기서 Upload File을 눌러서 파일을 업로드한 뒤, 이미지를 선택하고 OK를 누르면 해당 스프라이트가 선택한 이미지로 바뀌어 보일 것이다.

공, 스프라이트 컴포넌트는 타이머 컴포넌트와 함께 쓰이는
경우가 많다. "두더지 잡기 게임 앱 만들기" 예제에서 사용된
블록을 살펴보자.

여기에서 사용된 Mole은 두더지 이미지를 업로드한 스프라이트
컴포넌트다. Clock1의 시간 간격마다 Mole은 지정된 좌표 값으로
이동하는데, 이때 좌표 값은 무작위로 설정되게 해 놓았다.
이처럼 타이머 컴포넌트와 MoveTo 명령블록을 함께 사용하여
일정 시간 간격마다 조금씩 움직이게 할 수 있다.

앱 인벤터에서 y방향 값은 아래로 내려갈수록 커진다. 여기서는 가장 위쪽의 y값이 0이고
아래로 내려갈수록 더해지기 때문에 y값을 증가시키면 스프라이트가 점점 내려간다.

7. 화면에서 컴포넌트 정렬하기

앱 구성요소들은 기본적으로 수직으로
배열된다. [Designer] 화면 좌측
[Palette]의 [Layout]에서 필요한
컴포넌트를 만들어 글상자, 버튼 컴포넌트
등을 틀 안에 집어넣으면 중앙으로 옮기거나 오른쪽, 왼쪽으로

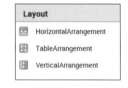

정렬시킬 수 있다.

[HorizontalArrangement]를 [Viewer]에 삽입하면 초록색 상자가
만들어진다. 글상자 컴포넌트를 넣으면 다음과 같이 된다.

초록색 상자를 옆으로 늘려 줘야 화면 전체에서 중앙 정렬이
되기 때문에 [Properties]에서 [Width] 속성을 [Fill parent...]로
변경시켜 주면 화면의 좌우로 꽉 차게 정렬 컴포넌트가
만들어진다.

[Properties] 중 [AlignHorizontal]에서 정렬방식을 선택할 수
있다. 현재는 중앙 정렬이므로 다음과 같이 된다.

03

꿀잼 앱 인벤터 찍어먹기
(앱 인벤터 기초 실습)

버튼 누르면 말하기

폰에 문자입력 창을 하나 만들고 문장을 적은 다음,
버튼을 누르면 스마트폰이 문장을 읽어 주는 buttonTalk 앱을
만들자.

학습내용
- 앱 인벤터로 프로그램 작성하는 과정 배우기
- 버튼[Button], 텍스트박스[TextBox] 컴포넌트의 사용방법 익히기

학습목표
이 앱을 마치면 다음을 할 수 있다.

- 버튼[Button]과 텍스트박스[TextBox] 컨트롤을 추가할 수 있다.
- 버튼을 누르면 텍스트박스 내용을 읽도록 문장읽기[TextToSpeech]
  기능을 사용할 수 있다.

1. 새 프로젝트 "buttonTalk" 만들기

앞서 1부 2장에서 설명한 대로 다음과 같이 프로젝트를 준비하자.

크롬 브라우저를 열고 http://appinventor.mit.edu에 접속하여 Create 를 선택한다.

안내를 따라 google 계정의 ID와 패스워드로 로그인한다.

화면 중간 부분의 [Project]를 클릭하여 [Start new project...]를 선택한다.

앱 프로젝트 이름에 "buttonTalk"를 입력하고 [OK]를 선택하자.

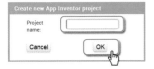

말하기 앱은 두 단계를 거쳐 만든다. [Designer]에서 컴포넌트를
선택하고, [Blocks] 에디터에서 각 컴포넌트들이 할 일을
지정한다.

앱 작성의 두 단계
단계1: [디자이너]에서 컴포넌트 선택 및 설정
단계2: [블록 에디터]로 컴포넌트가 할 일을 지정

2. 디자이너[Designer]에서 컴포넌트[Component] 준비하기

1. 컴포넌트 추가하기

처음 열린 화면이 디자이너 화면이며,
[Palette]의 [User Interface]에서 [TextBox]와 [Button] 두 개의
컴포넌트를 선택하여 [Viewer]에 마우스로 끌어다 놓자.

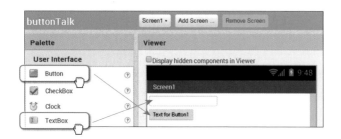

[Palette]의 [Media]에서 [TextToSpeech] 컴포넌트를 선택하고
[Viewer]에 넣자. 버튼과는 달리 [Viewer]의 [Screen1] 아래
부분에 있는 [Non-visible components] 밑에 들어간다.

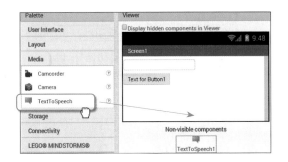

이제 필요한 컴포넌트의 선택은 마쳤다.

3. 블록[Blocks] 에디터에서 기능 설정하기

1. 블록 에디터의 선택

블록 에디터는 선택한 컴포넌트들이 어떤 동작을
할지 지정해 준다. 화면의 오른쪽 윗부분에 있는
[Blocks]을 누르면 블록 에디터 화면이 나온다.

2. 버튼 클릭 이벤트의 선택

[Blocks]의 [Screen1]에 포함된 [Button1]을 마우스로 선택하면
[Viewer]에 다양한 블록들이 보인다. 이 중
[when {Button1}.Click]을 선택하고 마우스로 끌어다 오른쪽
빈칸에 놓는다.

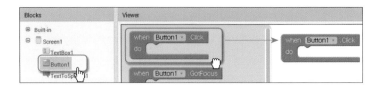

3. 문자를 음성으로 바꾸기

[TextToSpeech1] 블록을 마우스로 선택하고,

[call {TextToSpeech1}.Speak]을 누른 채 이동하여 오른쪽

[Viewer]의 [when {Button1}.Click] 사이에 끼워 맞춘다.

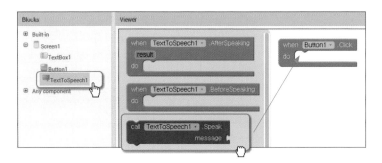

[TextBox1]을 선택하고 [{TextBox1}.{Text}]를

[when {Button1}.Click]의 message 옆의 흰 폼에 끼워 맞춘다.

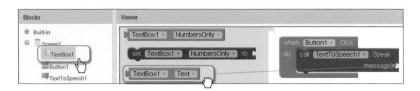

버튼을 클릭하면 TextBox1에 있는
"글자"를 읽고 [call {TextToSpeech1}.
Speak]를 통해 말을 한다.

4. 스마트폰으로 테스트하기

- QR 코드 생성하기
- 스마트폰 [MIT AI2 Companion] 실행
- 결과 테스트

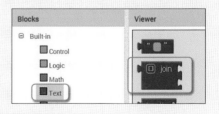

폰 흔들기로 말하기

문장을 폰에 적고 버튼을 누르거나, 폰을 흔들면 적어 둔 문장을
말해 준다.

학습내용
- 이전 프로젝트에 이어서 작업하기
- 가속도 센서로 폰 흔들림 감지하고 응용하기
- 가속도 센서[AccelerometerSensor] 컴포넌트의 사용방법 익히기
- 문장으로 된 문자열 활용하기

학습목표
이 앱을 마치면 다음을 할 수 있다.

- 앱 인벤터 환경과 친해짐: 디자이너, 블록 에디터, 폰에 실행하기
- 가속도 센서[Accelerometer Sensor] 컴포넌트 사용 방법을 안다.
- 이벤트에 반응하기: 가속도 센서의 흔드는 이벤트에 반응하는 개념 이해
- 프로젝트를 복사하여 사용할 수 있다.
- 블록을 복사할 수 있다.
- 블록을 휴지통에 버릴 수 있다.

1. 프로젝트를 복사하고 이름 바꾸기

10장 '버튼을 누르면 말하는 앱'에서 제작한 "buttonTalk"를 열자.

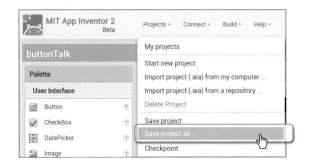

프로젝트를 연 후 [Projects]를 클릭하여 [Save project as ...]를
선택한다.

새로운 이름인 "shakeButtonTalk"로 저장한다.

그럼 기존의 "buttonTalk"의 기능이 유지된
채로, 프로젝트 이름만 변경된
"shakeButtonTalk"이 새로 생성되었다.

이 앱에 스마트폰을 흔들면 "앱 인벤터를 사랑해요"라고 말하도록
추가해보자. 가속도 센서를 추가하고 문자열을 끼우면 된다.

2. 디자이너[Designer]에서
   컴포넌트[Component] 준비하기

먼저 오른쪽 윗부분에 있는 [Designer]를 선택하고
가속도 센서를 추가하자.

가속도 컴포넌트의 추가

[Sensors]를 선택하면 스마트폰에 들어 있는 여러 개의
센서가 나온다. 가속도 센서는 움직임을 인식하며
[AccelerometerSensor]로 표시된다. 이 위에 마우스를 꾹 누른
채로 오른쪽에 있는 [Screen1]에 이동하여 빈칸에 놓는다.

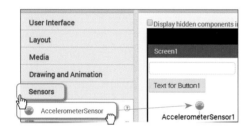

화면 아래 부분 [Non-visible components] 밑에 추가된다.

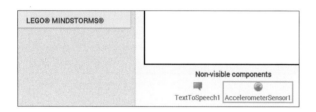

3. 블록[Blocks] 에디터에서 기능 설정하기

1. 폰을 흔들면 말하도록 만들기

오른쪽 윗부분의 [Blocks]을 선택하여 블록 에디터로
이동한 다음, 기능을 추가하자.

[Blocks]에서 [Screen1]아래의 가속도 센서
[AccelerometerSensor1]을 선택하면 [Viewer]에 몇 가지 동작을

하는 블록이 보인다. 이 중 두 번째 보이는
[when {AccelerometerSensor1}.Shaking]을 마우스로 누른 채
오른쪽 빈칸으로 옮기자.

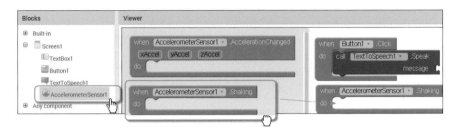

2. 블록의 복사와 지우기

블록을 복사하여 붙여넣기와 휴지통에 버리기를 실습하자.
[call {TextToSpeech1}.Speak]을 복사하자.
[call {TextToSpeech1}.Speak] 위에 마우스를 올리고 오른쪽
버튼을 눌러 [Duplicate]를 선택한다.

복사된 내용이 겹쳐서 나온다. 복사된 내용 중에
[{TextBox1}.{Text}]를 휴지통에 넣어 삭제한다.

마우스로 [{TextBox1}.{Text}]를 선택하여 누르고 휴지통
부근으로 옮기면 휴지통이 열린다. 이때 버리자.

3. 문장의 삽입

내가 말하고 싶은 문장을 [message]에 끼워 넣으려면, [Blocks]의
[Built-in]에서 [Text]를 선택하자. [Viewer]에서 첫 번째 보이는
블록[" { } "]을 끌어서 [message] 옆에 끼워 맞춘다.

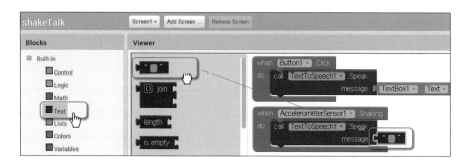

쌍 따옴표 (" ") 사이에 마우스 왼쪽 버튼을 누르고 커서가
나오면 "앱 인벤터를 사랑해요"라고 적는다.

4. 스마트폰으로 테스트하기

1. 폰에서 실시간 실행하기

[Connect]에서 [AI Companion]을 선택한 후
QR 코드가 나오면 스마트폰의
[MIT AI2 Companion]을 실행하고
다운 받아 실행을 한다.

2. 테스트하기

• 스마트폰을 흔들면 "앱 인벤터를
사랑해요"라고 말한다.

퀴즈

• 내가 작성한 앱 프로그램은 어디에 저장될까?
• 블록을 복사하는 방법은 무엇일까?
• 폰을 흔들면 가속도를 감지하여 응용할 수 있도록 해 주는 블록의 이름은 무엇인가?

요약

• 프로젝트의 복사
• 가속도 센서를 활용하기
• 문자열 활용하기
• 블록 복사하기
• 빠르게 블록 지우기

창의성 문제

• 두 명의 이름을 입력 받아서, 흔들면 "A님은 B님과 친구예요"라고 말하는 앱을 작성해 보자.

음성 인식

폰에게 말하면 음성을 인식해서 글자를 화면에 적어 주는 앱을
만들자.

학습내용

• 음성인식[SpeechRecognizer] 컴포넌트 활용

학습목표

이 앱을 마치면 다음을 할 수 있다.

• 버튼을 누르면 마이크가 음성을 듣고, 인식하여 문자를 출력할 수 있다.
• 버튼 컴포넌트의 사용자 인터페이스 UI 중 폭을 변경할 수 있다.
• 음성 인식[SpeechRecognizer] 컴포넌트를 활용하여 응용할 수 있다.

1. 새 프로젝트 "voiceTalk" 만들기

앞서 1부 2장에서 설명한 대로 다음과 같이 프로젝트를
준비하자.

크롬 브라우저를 열고 http://appinventor.mit.edu에 접속하여
Create 를 선택한다.

안내를 따라 gmail의 ID와 패스워드로 로그인한다.

화면 중간 부분의 [Project]를 클릭하여 [Start new project...]를
선택한다.

앱 프로젝트 이름에 "voiceTalk"를 입력하고 [OK]를 선택하자.

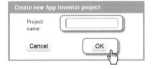

2. 디자이너[Designer]에서 컴포넌트[Component] 준비하기

1. 음성인식 컴포넌트의 추가

음성인식 컴포넌트는 [Palette]의 [Media] 그룹에 있다.
[SpeechRecognizer]를 마우스를 누르고 끌어서 오른쪽의
[Viewer] 〉 [Screen1]에 놓는다.

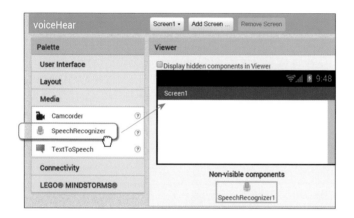

2. 버튼의 추가 및 가로 폭을 화면 크기에 맞추기

버튼 컴포넌트를 끌어서 [Viewer]에 넣자.

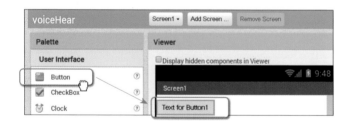

버튼의 폭을 화면 가로 폭과 같게 한다. 화면의
오른쪽 아래 부분에 폭을 설정하는 [Width]를
누르자. [Fill parent] 앞에 체크를 하고 [OK]를
선택한다.

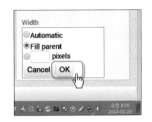

3. 문장을 화면에 출력하기 위한 [Label] 추가

문장을 화면에 나타내기에 적합한 것은 [Label] 컴포넌트이다.
[User Interface]의 [Label]을 마우스로 끌어서 [Screen1]에
놓는다.

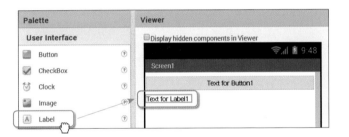

3. 블록[Blocks] 에디터에서 기능 설정하기

버튼을 누르면 음성인식이 시작되고, 인식된 결과를
화면에 글씨로 출력하는 블록들의 기능을 설정하자.
먼저 화면 오른쪽의 [Blocks]을 선택하여 블록기능
설정 화면으로 옮기자.

1. 버튼을 누르면 반응하기

버튼을 누르면 버튼 클릭 이벤트가 발생한다. 이때 사용자 인터페이스를 화면에 출력하고 음성인식을 해서 결과를 출력하자.

버튼 하나를 추가하자. 버튼 [Button1]을 선택하고 [when {Button1}.Click]을 끌어다 [Viewer] 오른쪽 빈 공간에 넣는다.

2. 음성인식 모듈 끼워 넣기

버튼을 누르면 음성인식기가 작동되도록 [call {SpeechRecognizer1}.GetText] 블록을 [when {Button1}. Click] 속에 끼워 넣자. 이 블록은 폰에 녹음하도록 사용자 화면이 출력되고, 말하는 동안은 녹음하고 일정 기간 쉬면 녹음을 마친다.

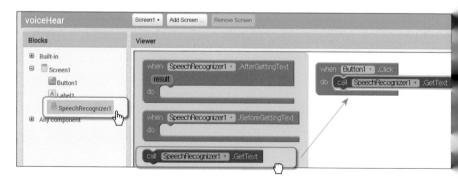

3. 인식된 문장을 출력하기

녹음된 음성을 말로 바꾼 결과를 출력하려면, [Blocks]의
[SpeechRecognizer] 중에
[when {SpeechRecognizer1}.AfterGettingText] 블록을 끌어다
놓는다. 이 블록은 음성 인식이 끝나면 자동으로 실행된다.

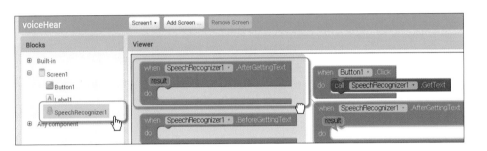

문장을 폰에 출력하기 제일 적합한 블록은 [Label]이다.
[Blocks]의 [Label1] 블록을 선택하고 [set {Label1}.{Text} to]를
끌어다 [AfterGettingText] 블록 사이에 끼워 넣자.

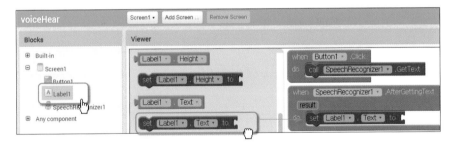

[SpeechRecognizer]를 선택하고
[{SpeechRecognizer1}.{Result}]를 끌어다 [set {Label}.{Text} to]에
끼워 넣자.

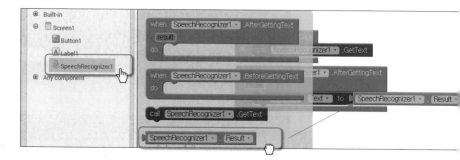

4. 디자인 결과

버튼을 누르면 음성인식을 시작하고, 말을 멈추면 음성인식을
정지한다. 음성인식된 결과문자를 화면에 출력해 주는 디자인
모습이다.

4. 스마트폰으로 테스트하기

QR 코드를 생성하여 스마트폰
[MIT AI2 Companion]을 실행한 후 QR
코드를 인식한다. 그 후 결과를 테스트해
본다.

버튼을 누르고 화면이 지시를 따라
녹음하면 결과를 화면에 출력해 준다.

영어로 음성인식을 하는 방법에 대해서는
꿀잼 앱 인벤터 카페 1828번 글을
참고하자(http://cafe.naver.com/appinv/1828)."

퀴즈

• 음성을 인식해 주는 블록의 이름은 무엇인가?
• 음성인식은 언제 종료될까?

요약

• 음성인식을 사용해 본다.

창의성 문제

• 음성인식과 문장읽기 두 블록을 활용하여 폰에게 말하면 인식하여 출력하는 앱을 작성하자.

낙서장 만들기

그리기 앱은 스마트폰에 손가락으로 선을 그리는 앱이다.
스마트폰을 흔들면 그림이 지워진다.

디자이너에서 컴포넌트로 [Canvas]와
[AccelorometerSensor]를 추가한다.

캔버스의 크기를 화면 크기와
동일하게 맞추어야 한다.

[Canvas1]에 그림을 그린다. [AccelerometerSensor1]은
스마트폰을 흔드는 것을 감지해서 그림을 모두 지워준다.

학습내용
- 캔버스[Canvas] 컴포넌트의 이해
- 가속도 센서[AccelerometerSensor] 컴포넌트의 흔들림 이벤트 감지
- 손가락 터치에서 이전 지점과 현재 지점의 활용

학습목표
이 앱을 마치면 다음을 할 수 있다.

- 캔버스에 손가락으로 선 긋기를 할 수 있다.
- 가속도 센서로 폰의 흔들림을 감지하여 화면을 지울 수 있다.

1. 새 프로젝트 "sketch" 만들기

앞서 1부 2장에서 설명한 대로 다음과 같이 프로젝트를
준비하자.

크롬 브라우저를 열고 http://appinventor.mit.edu에 접속하여
Create 를 선택한다.

안내를 따라 gmail의 ID와 패스워드로 로그인한다.

화면 중간 부분의 [Project]를 클릭하여 [Start new project...]를
선택한다.

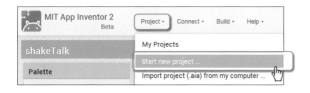

앱 프로젝트 이름에 "sketch"를 입력하고 [OK]를 선택하자.

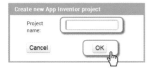

2. 디자이너[Designer]에서 컴포넌트[Component] 준비하기

- [Pallette] 〉 [Drawing and Animation]의 [Canvas]
- [Pallette] 〉 [Sensor]의 [AccelorometerSensor]

1. 캔버스 추가하기

화면 왼쪽의 [Pallette]에서 [Drawing and Animaition] 중에 [Canvas]를 끌어 [Viewer]에 놓는다.

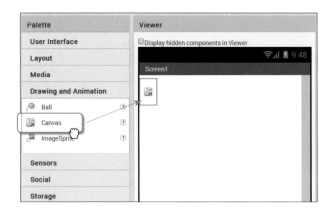

2. 캔버스 크기 조절하기

[Components] 창에서 [Canvas]를 클릭한다. 캔버스의 크기를 화면에 꽉 차게 하기 위해서 [Properties] 창에서 [Width]를 클릭한 후 [Fill Parents]를 클릭한다. [Height]는 [pixels]에 400을 입력한다.

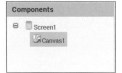

3. 가속도 센서[AccelerometerSensor] 추가하기

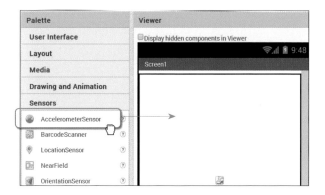

가속도 센서를 추가하면 [Viewer] 아래쪽에 센서가 들어간다.

3. 블록[Blocks] 에디터에서 기능 설정하기

[Blocks]을 클릭한다.

1. 그리기

[Blocks]에서 [Screen1]을 클릭하고 [Canvas1]을 선택한다.
마우스로 [when {Canvas1}.Dragged]를 끌어다 [Viewer]에
놓는다.

2. 그리기 시작짐과 끝점 좌표 정하기

[Blocks]에서 [Screen1]을 클릭하고 [Canvas1]을 선택한다.
마우스로 [call {Canvas1}.DrawLine]을 끌어와서 아래 그림과
같이 만든다.

이전 좌표와 현재 좌표를 연결하면 선이 그려진다. 그러므로
x1, y1에는 [get {prevX}], [get {PrevY}]를 넣고, x2, y2에는
[get {currentX}], [get {currentY}]를 끌어다 놓는다.

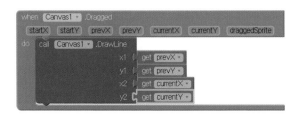

좌표를 선택하려면 마우스를 [when {Canvas1}.Dragged] 블록의
변수(예, currentX) 위에 놓으면 해당하는 좌표가 나타난다.
필요한 블록을 선택하여 끌어오면 된다.

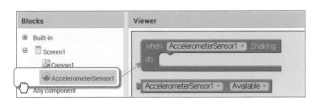

3. 스마트폰을 흔들면 화면 지우기

블록 에디터로 이전 지점과 현재 지점을 선으로 연결하여 그림
그리기가 완성되면, 가속도 센서를 이용하여 스마트폰을 흔들면
캔버스의 내용이 모두 지워지게 만들자. 블록 에디터에서
[Screen1] 〉 [AccelerometerSensor1]을 클릭하여
[when {AccelerometerSensor1}.Shaking]을 끌어온다.

[Screen1] 〉 [Canvas1]을
선택하여
[call {Canvas1}.Clear]를
끌어온다.

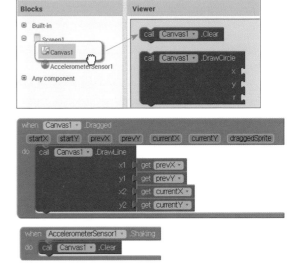

4. 스마트폰으로 테스트하기

[Connect]에서 [AI Companion]을 선택한
후 QR 코드가 나오면 스마트폰의
[MIT AI2 Companion]을 실행하고 다운
받아 실행한다.

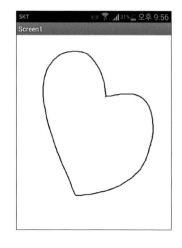

1. 테스트하기

• 낙서를 해 보자.
• 폰을 흔들면 낙서가 지워진다.

2. 폰에 설치하기

내 폰에 다운하려면 [Build] 〉 [App(provide QR code for .apk]를
클릭하여 QR 코드를 만들다. 내 폰에서 QR Droid와 같은 QR
코드 스캐너를 사용한다.

퀴즈
• 폰의 흔들림을 감지하는 컴포넌트는 무엇인가?
• 캔버스를 지울 때 필요한 블록은 무엇인가?

요약
• 손가락으로 캔버스에 선을 긋는다.
• 폰을 흔들면 그림이 지워진다.

창의성 문제
• 색상을 선택할 수 있도록 하세요.
• 선의 굵기를 스크롤바 컴포넌트를 이용하여 조절해 보세요.

사운드 실행

버튼을 클릭하면 사운드가 실행되는 앱을 만들어 보자
사운드 실행시키기 앱은 버튼을 클릭하면 녹음파일이 재생되게
하는 앱이다.

버튼의 배경에 이미지를 넣어 이미지 버튼을 만든다. 필요한
재료들을 카페에서 다운 받아 준비를 하자.

학습내용
• 버튼을 클릭하면 녹음된 사운드 파일이 실행된다.

학습목표
이 앱을 마치면 다음을 할 수 있다.

• 버튼을 클릭하여 사운드를 재생시킬 수 있다.
• [Control]을 사용하여 조건에 맞게 제어할 수 있다.

1. 새 프로젝트 "sound" 만들기

앞서 1부 2장에서 설명한 대로 다음과 같이 프로젝트를
준비하자.

크롬 브라우저를 열고 http://appinventor.mit.edu에 접속하여
Create 를 선택한다.

안내를 따라 gmail의 ID와 패스워드로 로그인한다.

화면 중간 부분의 [Project]를 클릭하여 [Start new project...]를
선택한다.

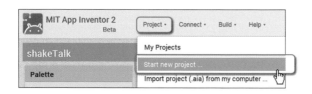

앱 프로젝트 이름에 "sound"를 입력하고 [OK]를 선택하자.

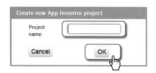

2. 재료 준비하기

1. 필요한 재료 가져오기

http://ai2.appinventor.org/starterApps에서
IHaveADreamStarter.aia 파일을 다운 받아 저장한다.

2. "aia" 파일을 가져와서 [Import]하기

[Project] 〉 [Import project(.aia) from my computer]를
클릭한다.

[Import Project] 창에서 [파일 선택]을 클릭하여 저장해 둔 파일을
클릭한다.

자동으로 필요한 이미지와 재료들이
업로드된다.

3. 디자이너[Designer]에서
  컴포넌트[Component] 준비하기

1. [Button] 컴포넌트 추가하기

[Button] 컴포넌트는 [Palette]의 [User Interface] 그룹에 있다.
[Button]을 마우스로 누르고 끌어서 오른쪽의
[Viewer] 〉 [Screen1]에 놓는다. [Button]을 화면 중앙에
놓으려면 [Components]에서 [Screen1]을 클릭하고,
[Properties] 〉 [AlignHorizontal]을 [Center]로 맞춘다.

[Button]에 이미지를 넣으려고 한다. [Properties]에서 [Image]를
클릭하여 이미지(mlk.jpg)를 선택한다. 업로드한 이미지가
없으면 이미지를 업로드하여 진행한다.

[Button]의 [Text]에 내용이 남아 있으므로 [Properties]의
[Text]의 내용을 지운다.

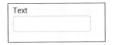

2. Label 컴포넌트와 Player(재생기) 컴포넌트 추가

[Palette] 〉 [User Interface]에서 [Label]을 두 개 추가하여
하나는 Button 위에 추가하고 하나는 Button 아래에 추가한다.
각각 [Text]를 '마틴 루터 킹'과 '음성듣기'로 입력한다. 그리고
[Media]에서 Player를 추가한다. Player를 클릭하고
[Properties] 〉 [Source]에 음원을 선택하여 넣는다.

4. 블록[Blocks] 에디터에서 동작 설정

1. 음원 재생시키기

[Blocks] 〉 [Screen1]에서 [Button]을 클릭한 다음,
[when {button1}.Click]을 선택하여 [Viewer]에 끌어 놓는다.

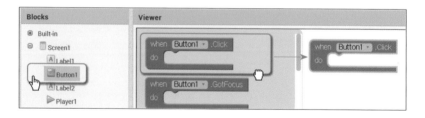

[Blocks] 〉 [Screen1]에서 [Player1]을 클릭한 다음,
[call {player1}.Start]를 선택하여 [Viewer]에 있는
[when {button1}.Click]에 끼워 넣는다.

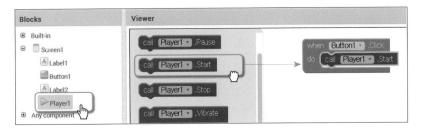

5. 스마트폰으로 테스트하기

앱이 완성되면 메뉴에서 [Connect]를
누르고 [AI Companion]을 클릭하여
스마트폰에 실행시켜 본다.

퀴즈

• 사운드를 실행시키는 블록의 이름은 무엇인가?
• [Control] 블록을 사용하면 어떤 일을 할 수 있나?

요약

• 콘트롤문 사용

창의성 문제

• 사운드 재생하기를 이용하여 버튼이 3개일 때 사운드 파일을 제어할 수 있는지 활용해 보자.

카메라로 사진 찍기

앱을 실행시키고 버튼을 클릭하면 카메라가 사진을 찍고, 촬영된 사진을 폰의 배경으로 사용한다.

카메라로 사진 찍기 앱은 스마트폰에 있는 버튼을 눌러 사진을 찍고 찍은 사진을 보여준다.

학습내용

- 앱 인벤터로 카메라를 작동하는 앱 만들기
- [Camera] 블록을 이용하여 카메라 작동하기
- [After Picture] 블록 활용하기
- 촬영된 영상을 배경으로 활용하기

학습목표

이 앱을 마치면 다음을 할 수 있다.

- 앱 인벤터로 카메라를 작동시킬 수 있다.
- 촬영된 영상을 활용할 수 있다.
- 찍은 사진을 스마트폰의 화면에 나타낼 수 있다.

1. 새 프로젝트 "camera" 만들기

앞서 1부 2장에서 설명한 대로 다음과 같이 프로젝트를
준비하자.

크롬 브라우저를 열고 http://appinventor.mit.edu에 접속하여
Create 를 선택한다.

안내를 따라 gmail의 ID와 패스워드로 로그인한다.

화면 중간 부분의 [Project]를 클릭하여 [Start new project...]를
선택한다.

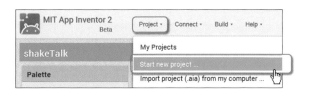

앱 프로젝트 이름에 "camera"를 입력하고 [OK]를 선택하자.

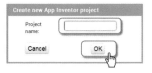

2. 디자이너[Designer]에서 컴포넌트[Component] 준비하기

- [Palette] 〉 [Drawing and Animation]의 [Canvas]
- [Palette] 〉 [User Interface]의 [Button]
- [Palette] 〉 [Media]의 [Camera]

1. 캔버스 추가하기

화면 왼쪽의 [Pallette]에서 [Drawing and Animation] 중에 [Canvas]를 끌어 [Viewer]에 놓는다. [Canvas]의 배경은 검은색으로 지정한다.

2. 버튼 추가하기

[Button]의 [Text]는 "사진 찍기"로 입력한다.

3. 카메라 추가하기

[Camera]는 [Viewer]에 끌어오면 보이지 않는 컴포넌트이므로 스크린 아래쪽에 보인다.

3. 블록[Blocks] 에디터에서 기능 설정하기

1. 사진 촬영하기

다음 그림과 같이 블록을 만든다. Camera1 버튼을 클릭하면
사진을 찍고 이 이미지를 배경이미지로 가지고 온다.

```
when  Camera1 ▾ .AfterPicture
  image
do   set  Canvas1 ▾ . BackgroundImage ▾  to    get  image ▾
```

4. 스마트폰으로 테스트하기

앱이 완성되면 메뉴에서 [Connect]를
누르고 [AI Companion]을 클릭하여
스마트폰에 실행시켜 본다.

퀴즈

• 사진을 찍을 수 있는 컴포넌트는 무엇인가?

요약

• 카메라로 사진 찍기
• 촬영한 사진을 배경으로 활용하기

창의 문제

• 카메라로 찍은 사진을 스마트폰에 저장해 보자   이미지를 저장하려면 TinyDB를 사용해 본다.

버튼 누르면
"야옹" 소리내기

고양이 모양의 버튼을 누르면 "야옹"이라고 소리를 낸다.

학습내용

- 버튼 넣기
- mp3 사운드 소스 파일을 Sound 컴포넌트에 연결하기
- 버튼을 누르면 "야옹"이라고 소리내기

학습목표

이 앱을 마치면 다음을 할 수 있다.

- 버튼을 추가할 수 있다.
- mp3 사운드 소스를 컴포넌트에 연결할 수 있다.
- 앱 인벤터로 mp3 사운드를 활용할 수 있다.
- 버튼 이벤트에 mp3 음악을 연결할 수 있다.

1. 새 프로젝트 "cat" 만들기

앞서 1부 2장에서 설명한 대로 다음과 같이 프로젝트를
준비하자.

크롬 브라우저를 열고 http://appinventor.mit.edu에 접속하여
 를 선택한다.

안내를 따라 gmail의 ID와 패스워드로 로그인한다.

화면 중간 부분의 **[Project]**를 클릭하여 **[Start new project...]**를
선택한다.

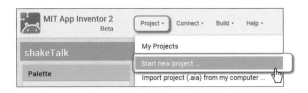

앱 프로젝트 이름에 "cat"을 입력하고 **[OK]**를 선택하자.

2. 디자이너[Designer]에서
컴포넌트[Component] 준비하기

1. 버튼 추가하기

버튼 컴포넌트를 마우스로 끌어서 [Viewer]에 올리자.

2. 사운드 [Sound] 블록 넣기

[Pallette]에서 [Media]를 선택하고, [Sound] 블록을 끌어서
[Viewer]에 놓자. 아래 부분의 [Non-visible components]로
들어간다.

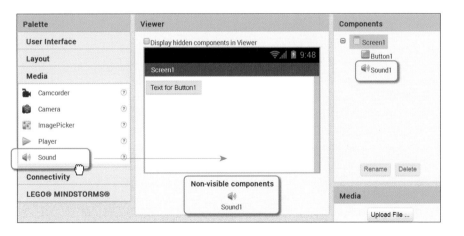

3. [Sound] 컴포넌트에 mp3 파일 연결하기

소스 선택

[Sound1]에 다운 받은 meow.mp3 파일을 연결하자. 화면의 중간 상단 부분에 있는 [Components]에서 스피커 모양의 [Sound1]을 선택한다. 바로 옆에 나오는 [Properties]에서 [Source]아래의 [None...]을 선택하자.

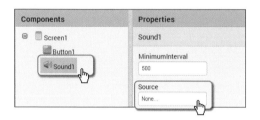

파일 업로드 창

[Properties]의 [Sound1] 아래의 [Source] 아래 부분의 [Upload File...]을 선택하면 새 창이 나온다.

파일 선택하기

[파일 선택]을 누른다. 다운로드한 meow.mp3 파일을 선택하고
[OK]를 선택한다.

[Source] 아래에 그림과 같이 meow.mp3...가 보여야 된다.

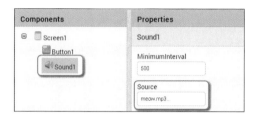

3. 블록[Blocks] 에디터에서 기능 설정하기

버튼을 누르면 "야옹"하는 고양이 울음소리를 내도록 블록들의
기능을 설정하자.

먼저 화면 오른쪽의 [Blocks]을 선택하여 블록기능
설정 화면으로 옮기자.

1. 버튼 클릭 이벤트

버튼을 클릭하면 작동되도록 [Blocks]의 [Screen1]에 있는
[when {Button}.Click]을 마우스로 끌어당겨 놓는다.

2. 사운드 재생하기

meou.mp3 파일이 Sound1에 연결되어 있다. 버튼 클릭 속에
[call {Sound1}.Play] 블록을 끼워 넣자.

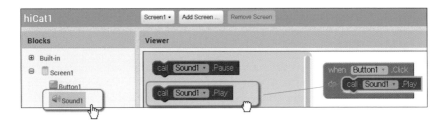

3. 완성된 블록

완성된 블록은 다음과 같다.

4. 스마트폰으로 테스트하기

앱이 완성되면 메뉴에서 [Connect]를
누르고 [AI Companion]을 클릭하여
스마트폰에 실행시켜 본다.

퀴즈

• mp3 음악 파일의 재생은 어느 컴포넌트를 활용할까?

요약

• mp3 음악 소스 파일을 컴포넌트에 연결하기
• mp3 음악 파일을 재생하기

창의성 문제

• 폰을 흔들면 mp3 음악이 재생되도록 앱을 만들자.

고양이 "야옹" 기능추가

버튼에 고양이 사진을 넣고, 이 버튼을 누르면 "야옹"이라고
소리를 내며 폰이 진동을 한다.

학습내용

- 버튼 위에 사진 넣기
- mp3 파일 연결하여 소리내기
- 버튼 누르면 폰이 진동하기

학습목표

이 앱을 마치면 다음을 할 수 있다.

- 버튼에 사진을 넣고, 버튼의 크기를 조절할 수 있다.
- 버튼을 누르는 이벤트에 소리를 연결할 수 있다.
- 버튼을 누르면 폰을 진동시킬 수 있다.
- 상수 값을 정할 수 있다.

1. 이전 실습 "cat" 프로젝트에 이어서 작업하기

2. 디자이너[Designer]에서 컴포넌트[Component] 준비하기

이 부분은 16장과 같으므로 다음의 3가지를 준비한다.

1. 버튼 추가하기

2. 사운드[Sound] 컴포넌트 추가하기

3. 버튼에 사진 넣기

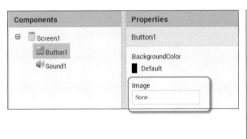

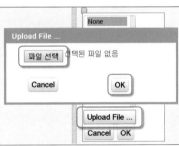

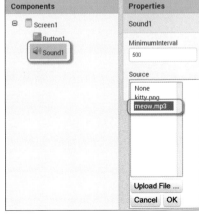

3. 블록[Blocks] 에디터에서 기능 설정하기

버튼을 누르면 "야옹"하고 소리를 내며 폰이 진동하도록
블록들의 기능을 설정하자.

먼저 화면 오른쪽의 [Blocks]을 선택하여 블록기능
설정 화면으로 이동하자.

1. 버튼 클릭 이벤트

버튼을 클릭하면 작동되도록 [Blocks]의 [Screen1]에 있는
[when {button}.Click]을 마우스로 끌어당겨 놓자.

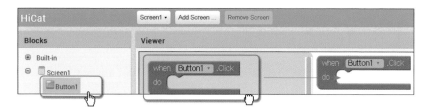

2. 사운드 플레이

meou.mp3 파일이 Sound1에 연결되어 있다. 버튼 클릭 속에
[call {Sound1}.Play] 블록을 끼워 넣자.

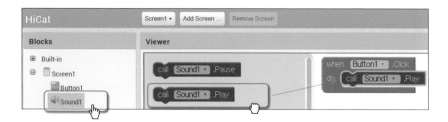

3. 폰 진동시키기

폰이 진동하도록 [Sound1]을 선택하고 [call {Sound1}.Vibrate]를
끌어당겨 놓자.

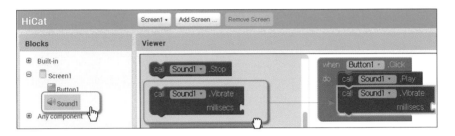

4. 상수 값 설정하기

0.5초 동안 진동하려면 1000이 1초를 나타내므로 [Built-in]에서
[Math]를 선택하고 가장 위에 있는 숫자 블록을 끌어다가
[Vibrate]에 끼워 넣고 500을 입력한다.

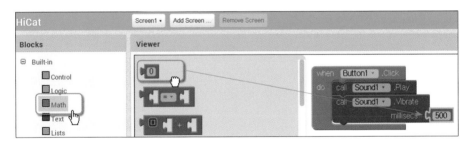

5. 완성된 블록

완성된 블록은 다음과 같다.

4. 스마트폰에서 테스트하기

앱이 완성되면 메뉴에서 [Connect]를
누르고 [AI Companion]을 클릭하여
스마트폰에 실행시켜 본다.

퀴즈

- 폰을 진동시키는 블록의 이름은 무엇인가?
- 상수 값은 [Built-in] 중에 어느 블록에 적합할까?

요약

- 버튼을 누르면 진동하고 소리를 내는 기능을 추가한다.

창의성 문제

- 폰을 흔들면 "야옹" 소리가 나도록 만들어 보자.

전화 걸기

버튼을 누르면 지정된 전화번호로 연결하는 앱을 만들자.

학습내용

• PhoneCall 컴포넌트로 전화 걸기

학습목표

이 앱을 마치면 다음을 할 수 있다.

• 폰을 흔들어 전화를 걸 수 있다.
• 버튼을 눌러 전화를 걸 수 있다.

1. 새 프로젝트 "phoneCall" 만들기

앞서 1부 2장에서 설명한 대로 다음과 같이 프로젝트를
준비하자.

크롬 브라우저를 열고 http://appinventor.mit.edu에 접속하여
Create 를 선택한다.

안내를 따라 gmail의 ID와 패스워드로 로그인한다.

화면 중간 부분의 [Project]를 클릭하여 [Start new project...]를
선택한다.

앱 프로젝트 이름에 "phoneCall"을 입력하고 [OK]를 선택하자.

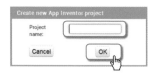

2. 디자이너[Designer]에서 컴포넌트[Component] 준비하기

1. 버튼[Button] 컴포넌트 추가하기

팔레트[Palette] 〉 [User Interface]의 버튼[Button] 컴포넌트를 마우스로 끌어서 [Viewer]에 올리자.

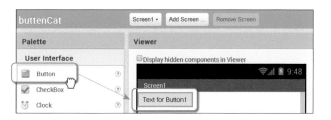

2. 전화걸기[PhoneCall] 컴포넌트 추가하기

팔레트[Palette] [Social]의 전화걸기[PhoneCall] 컴포넌트를 마우스로 끌어서 [Viewer]에 올리자.

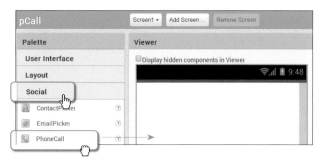

3. 블록[Blocks] 에디터에서 기능 설정하기

버튼을 누르면 전화가 걸리도록 블록의 기능을 설정하자.

먼저 화면 오른쪽의 [Blocks]을 선택하여 블록기능
설정 화면으로 옮기자.

1. 버튼 클릭 이벤트 추가

버튼을 클릭하면 작동되도록 [Blocks]의 [Screen1]에 있는
[when {button}.Click]을 마우스로 끌어당겨 놓자.

2. 전화 걸기

[Blocks]에서 전화걸기 [PhoneCall1] 블록을 선택하고,
[call {PhoneCall}.MakePhoneCall] 블록을 [when {Button}.Click]
블록에 끼워 넣자.

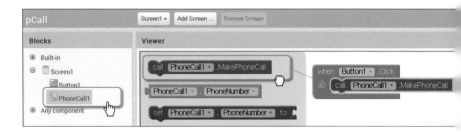

3. 전화번호 넣기

[Blocks]에서 전화걸기 [PhoneCall1] 블록을 선택하고,
[set {PhoneCall1}.{PhoneNumber} to] 블록을
[when {button}.Click] 블록 사이에 끼워 넣자.

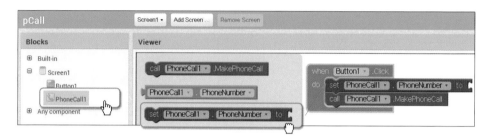

[Blocks]에서 [Built-in]에서 [Text] 블록을 선택하고, 제일 위에
있는 [" "]를 끌어 [set {PhoneCall1}.{PhoneNumber} to]에 끼워
넣는다. [set {PhoneCall1}.{PhoneNumber} to] 블록은 지정된
번호로 전화를 걸어 준다.

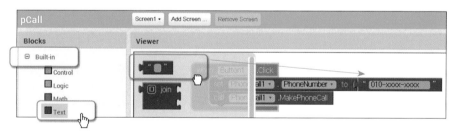

4. 완성된 블록

완성된 블록은 다음과 같다.

4. 스마트폰에서 테스트하기

앱이 완성되면 메뉴에서 [Connect]를
누르고 [AI Companion]을 클릭하여
스마트폰에 실행시켜 본다.

버튼을 누르면 설정된 번호로 전화걸기가
실행된다.

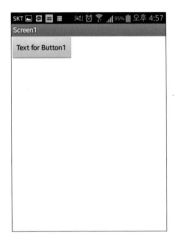

퀴즈

전화걸기 블록의 영어이름은 무엇인가?

요약

전화를 걸어주는 PhoneCall 명령어 사용

창의성 문제

• 폰을 흔들면 전화하도록 변경을 하자.
• 전화번호를 입력 받아 전화하도록 변경하자.
• 전화번호 리스트에서 전화번호를 선택하도록 하자.

폰 데이터베이스

[DB Save] 버튼을 누르면 텍스트 박스에 작성한 데이터가
저장되고, [DB Read] 버튼을 누르면 데이터를 가져와서
Label에 출력해 준다.

학습내용
- tinyDB로 데이터 저장하기
- tinyDB로 저장된 데이터 읽기

학습목표
이 앱을 마치면 다음을 할 수 있다.

- TinyDB로 내 폰에 데이터를 저장할 수 있다.
- 저장된 데이터를 다시 활용할 수 있다.

1. 새 프로젝트 "tinyDB" 만들기

앞서 1부 2장에서 설명한 대로 다음과 같이 프로젝트를 준비하자.

크롬 브라우저를 열고 http://appinventor.mit.edu에 접속하여 Create 를 선택한다.

안내를 따라 gmail의 ID와 패스워드로 로그인한다.

화면 중간 부분의 [Project]를 클릭하여 [Start new project...]를 선택한다.

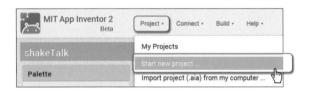

앱 프로젝트 이름에 "TinyDB"를 입력하고 [OK]를 선택하자.

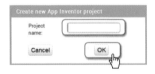

2. 디자이너[Designer]에서 컴포넌트[Component] 준비하기

1. 텍스트 박스 추가하기

데이터를 입력할 수 있는 창을 하나 만들자. [Palatte]의
[User Interface]에서 [TextBox] 블록을 끌어서 [Viewer]에 넣는다.

2. 버튼 추가하기

[Button] 컴포넌트를 마우스로 끌어서 [Viewer]에 올리자.
텍스트 창에 적힌 내용을 저장하기 위한 것이다.

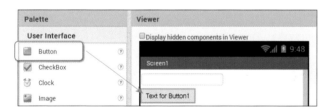

3. 버튼 이름 바꾸기

[Components]에서 [Button1]을
선택하고, [Properties]의 [Text]에
"DB Save"라고 작성하면 버튼의
이름이 바뀐다.

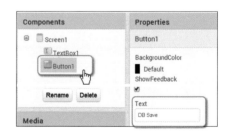

4. 버튼 추가하기

[Palette]에서 [Button] 블록을 선택하여 Viewer로 끌어다 놓자.

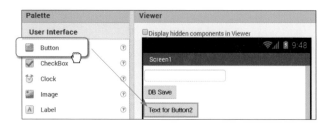

5. 버튼 이름 바꾸기

'3. 버튼 이름 바꾸기'와 동일한 방법으로 버튼 이름에 [Text]를 "DB Read"로 바꾸자.

6. Label 추가

DB 내용을 읽어서 화면에 출력할 [Label] 블록을 끌어 [Viewer]에 놓는다.

7. TinyDB 컴포넌트 추가

[Palette]에서 [Storage]를 선택하고 [TinyDB] 블록을 끌어다
[Viewer]에 놓는다. [Non-visible components]에
TinyDB1이 들어간다.

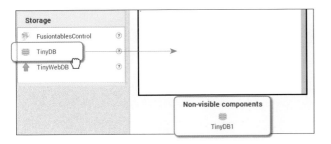

3. 블록[Blocks] 에디터에서 기능 설정하기

저장 버튼을 누르면 데이터가 저장되고, 읽기 버튼을 누르면
데이트를 읽도록 블록들의 기능을 설정하자.

먼저 화면 오른쪽의 [Blocks]을 선택하여
블록기능 설정 화면으로 옮기자.

1. 버튼 클릭 이벤트

버튼을 클릭하면 작동되도록 [Blocks]의 [Screen1]에 있는
[when {button1}.Click]을 마우스로 끌어당겨 놓자.

2. 저장하기 블록

[TinyDB1] 블록을 선택하고 [call {TinyDB1}.StoreValue}]를 끌어서
[Viewer]에 올린다.

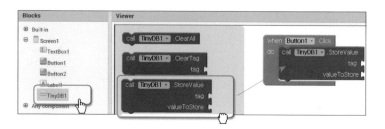

3. 저장할 문장 읽고 연결하기

[TextBox1] 블록에서 [{TextBox1}.{Text}]를 끌어다
[valueToStore]에 끼워 맞추자.

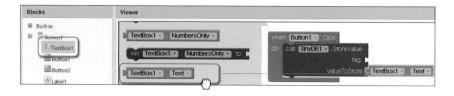

4. 태그 붙이기

태그 이름을 붙이자. [Blocks]에서 [Built-in]을 펼치고, [Text]를
선택하여 가장 위에 있는 빈 텍스트 박스를 tag에 끼워 넣자.
태그는 데이터를 찾을 때 제목으로 사용한다.

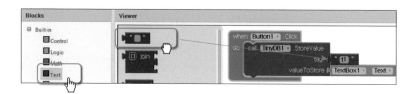

이제 텍스트 박스에 작성한 내용을 "t1"이라는 태그에
저장하였다.

다음은 "t1" 태그를 이용하여 저장된 데이터를 읽어서 Label에
출력하자.

5. 버튼 클릭 이벤트와 연결하기

[Blocks]에서 [Button2] 블록을 선택하고,
[when {Button2}.Click]을 끌어서 [Viewer]에 넣자.

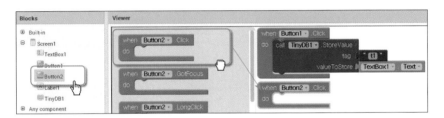

6. Label 설정 블록의 추가

읽은 데이터 값을 화면에 표시할 [Label]에 [Text]를 설정하자.

[Label1] 블록을 선택하고, [set {Label1}.{Text} To]를 끌어다가
[when {Button2}.Click] 사이에 끼워 넣자.

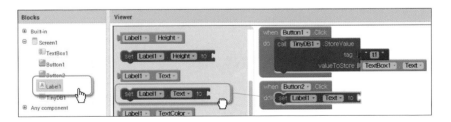

7. 데이터베이스에서 읽어오기

저장된 데이터베이스 값을 읽어 오자.

[TinyDB1] 블록을 선택하고 [call {TinyDB1}.GetValue]를 끌어 [Viewer]에 놓자.

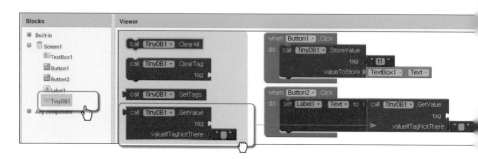

그리고 tag에 빈 Text를 넣고 "t1"을 입력하자. 그리고 [valueIfNotThere]에는 "Error"를 입력하자. 이것은 데이터가 없을 때 화면에 출력해 주는 오류 메시지이다.

8. 완성된 블록

완성된 블록은 다음과 같다.

4. 스마트폰에서 테스트하기

앱이 완성되면 메뉴에서 [Connect]를
누르고 [AI Companion]을 클릭하여
스마트폰에 실행시켜 본다.

텍스트박스에 글자를 넣고 [DB Save]
버튼을 누르면 내 폰에 저장된다.
[DB Read] 버튼을 누르면 저장된 내용이
라벨에 적힌다.

서버에 데이터를 저장하려면 [TimWebDB]
블록을 활용한다.

최근 버전에서는 File 컴포넌트가 추가되어 데이터베이스 대신
활용이 가능하다.

퀴즈
- 데이터를 내 폰에 저장하는 기능을 제공하는 컴포넌트 이름은 무엇인가?
- 하나의 태그는 하나의 데이터만 저장할 수 있는가?

요약
- TinyDB로 내 폰에 데이터를 저장할 수 있다.
- 저장된 데이터를 읽을 수 있다.

창의성 문제
- 사진을 찍어 내 폰에 저장하는 앱을 작성해 보자.

멀티스크린

두 개의 스크린을 만들고 Screen1에서 [New Screen] 버튼을 누르면 새 스크린 Screen2로 이동하고, [Back] 버튼을 누르면 원래의 스크린으로 되돌아온다.

경고 및 주의
앱 인벤터 버전과 폰에 따라 실시간 와이파이로 테스트하면 오작동할 수 있다.
apk를 만들고 다운 받아 실행하면 오작동하지 않는다.

학습내용

- 새로운 스크린의 추가
- 새로운 스크린으로 이동
- 이전 스크린 돌아오기

학습목표

이 앱을 마치면 다음을 할 수 있다.

- 여러 개의 화면을 만들 수 있다.
- 필요한 화면으로 이동할 수 있다.

1. 새 프로젝트 "multiScreen" 만들기

앞서 1부 2장에서 설명한 대로 다음과 같이 프로젝트를
준비하자.

크롬 브라우저를 열고 http://appinventor.mit.edu에 접속하여
Create 를 선택한다.

안내를 따라 gmail의 ID와 패스워드로 로그인한다.

화면 중간 부분의 [Project]를 클릭하여 [Start new project...]를
선택한다.

앱 프로젝트 이름에 "multiScreen"을 입력하고 [OK]를 선택하자.

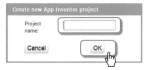

2. 디자이너[Designer]에서 컴포넌트[Component] 준비하기

1. 스크린의 추가

[Add Screen...]을 선택하고 스크린 이름을 "Screen2"로 정하자.

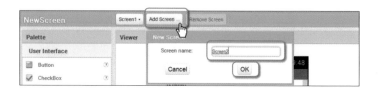

2. 라벨[Label]과 버튼[Button] 추가하고 이름 바꾸기

버튼[Button]을 추가하고 버튼 이름을 "New Screen"으로 정하자.
라벨[Label]을 추가하고 이름을 "Screen1"으로 정하자.

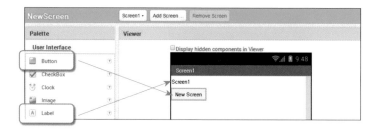

버튼 이름을 바꾸려면 [Text]에 "New Screen"을 입력한다.

3. 두 번째 스크린에 라벨과 버튼 넣기

두 번째 스크린 [Screen2]를 선택하고 버튼[Button]을 추가하자.
버튼 이름을 "Back"으로 정하자. 라벨[Label]을 추가하고 이름을
"Screen2"로 정하자.

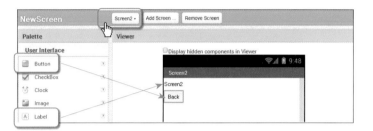

버튼 이름을 바꾸려면 [Text]에 "Back"을 입력한다.

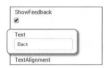

3. 블록[Blocks] 에디터에서 기능 설정하기

[Screen1]의 [Blocks]에서 [when {Button1}.Click]을 끌어다
[Viewer]에 넣는다.

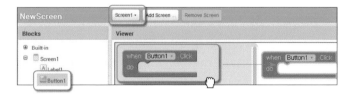

[Blocks]의 [Built-in]에서 [Control]을 선택한다.
[open another screen screenName] 블록을
[when {Button1}.Click]에 끼워 넣자.

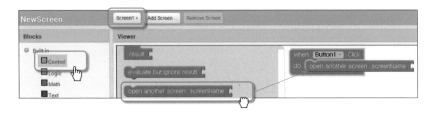

이동할 [Screen] 이름을 적는다. [Text]의 첫 번째 빈 텍스트를
끼워 넣고 "Screen2"를 적는다.

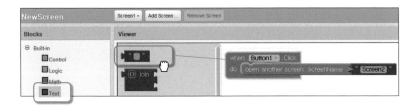

[Screen]을 Screen2로 바꾼다.

Screen2를 선택하고 [Button1]에서 [when {Button1}.Click]을
끌어다 [Viewer]에 넣는다.

[Screen2]에서 [Built-in]의 [Control]을 선택하고
[close screen]을 끌어다 [when {Button1}.Click] 블록에 끼워 넣는다.

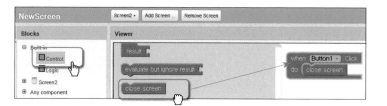

4. 스마트폰에서 테스트하기

앱이 완성되면 메뉴에서 [Connect]를
누르고 [AI Companion]을 클릭하여
스마트폰에 실행시킨다.

주의
일부 폰에서는 실시간 테스트는 오류가 나타날 수 있습니다. 작동이 되지 않으면 앱을 구현해서 apk로
만들고 패키지를 다운 받고 설치하여 실습한다.

스크린 간에 데이터를 주고받는 것은 TinyDB나 File 컴포넌트를
활용할 수 있다. 그리고 스크린을 닫거나 열 때 값을 전달해 주는
블록을 활용할 수 있다. 자세한 설명은 네이버 꿀잼 앱 인벤터
카페를 활용하자

퀴즈
화면을 이동하는 [open another screen screenName]은 [Built-in] 중에 어느 블록에 있는가?

요약
다른 화면으로 넘어갈 수 있고 되돌아가는 기능 넣기

창의성 문제
3개의 화면을 왕래하는 앱을 만들자.

폰 방향 따라
무당벌레 움직이기

폰을 기울이는 방향에 따라 무딩벌레가 움직인다.

학습내용

- 타이머[Timer]의 활용
- 함수[Procedure]의 작성
- 방향 센서[OrientationSensor]의 활용
- 캔버스 위에 이미지 스프라이트[Image Sprite] 활용

학습목표

이 앱을 마치면 다음을 할 수 있다.

- 타이머를 활용하여 0.2초마다 함수를 호출할 수 있다.
- 무당벌레 움직임을 함수로 만들 수 있다.
- 무당벌레 움직임을 타이머로 호출할 수 있다.
- 방향센서로 방향과 속도를 측정할 수 있다.

1. 새 프로젝트 "bugFollow" 만들기

앞서 1부 2장에서 설명한 대로 다음과 같이 프로젝트를 준비하자.

크롬 브라우저를 열고 http://appinventor.mit.edu에 접속하여  를 선택한다.

안내를 따라 gmail의 ID와 패스워드로 로그인한다.

화면 중간 부분의 [Project]를 클릭하여 [Start new project...]를 선택한다.

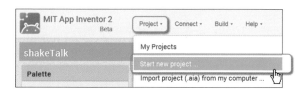

앱 프로젝트 이름에 "bugFollow"를 입력하고 [OK]를 선택하자.

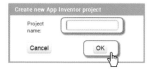

2. 디자이너 [Designer]에서 컴포넌트 [Component] 준비하기

- [Palette] 〉 [User Interface] 〉 [Clock]
- [Palette] 〉 [Drawing And Animation] 〉 [Canvas]
- [Palette] 〉 [Drawing And Animation] 〉 [Image Sprite]
- [Palette] 〉 [Sensors] 〉 [OrientationSensor]

이미지는 네이버 카페 http://cafe.naver.com/appinv/39에서
다운 받아 사용하자.

[Palette]의 [Draw and Animation]에 있는
[Canvas], [ImageSprite]를 끌어다 [Viewer]에 놓는다.

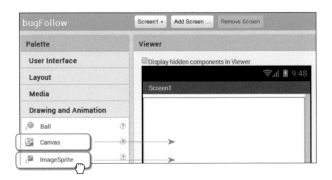

[Palette]의 [User Interface]에 있는 [Clock]을 [Viewer]에 끌어다
놓는다.

[Palette]의 [Sensor]에 있는 [OrientationSensor]를 [Viewer]에
끌어다 놓는다.

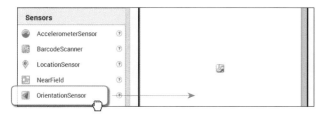

[Components]의 [Screen1] 〉 [Canvas1] 〉 [ImageSprite1]을
선택하고 [Picture]에 무당벌레 그림인 lady.PNG를 업로드한다.

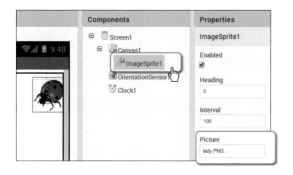

방향 센서[OrientationSensor]와 시계[Clock]은 보이지 않는
컴포넌트여서 제일 아래 부분에 들어간다.

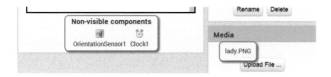

[Clock]의 시간을 200밀리초로 정한다. 200밀리초는 0.2초이다.

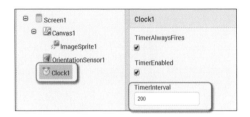

[Canvas1]의 [Width]를 [Fill parent...]로, [Height]를 300으로 설정한다.

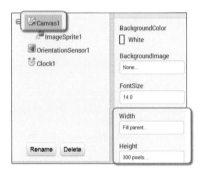

3. 블록[Blocks] 에디터에서 기능 설정하기

[Clock1]에서 [when {Clock1}.Timer]를 끌어다 [Viewer]에 놓자.

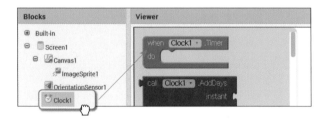

[moveBug] 함수를 만들자. 함수를 만들려면 [Built-in]의
[Procedures] 블록이 필요하다.

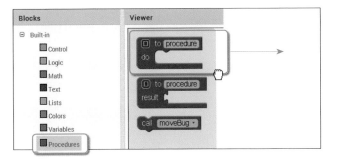

이미지 스프라이트의 방향을 끌어다 [to {procedure}]에 끼워
넣는다.

이미지 스프라이트의 속도를 끌어다 [to {procedure}]에 끼워
놓는다.

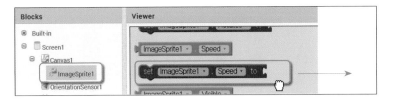

이미지 스프라이트의 방향과 속도가 moveBug 함수의 변수로
활용된다.

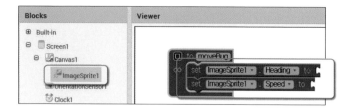

방향 센서의 방향 값을 연결한다.

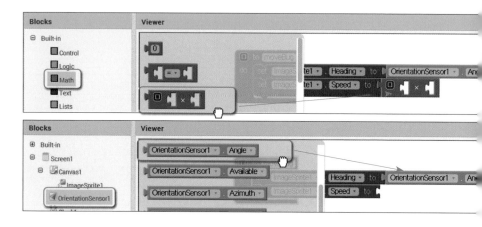

방향 센서의 값을 끼워 넣는다.

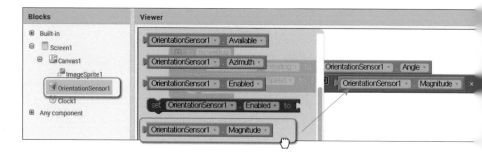

속도의 값에 100을 곱하여 준다.

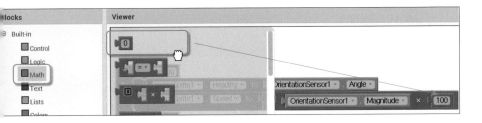

타이머에 moveBug 함수 넣기

타이머가 호출될 때마다 moveBug 함수가 실행되도록 하자.

[Built-in] 〉 [Procedures]를 선택하고 [to {procedure} do] 블록을

끌어다 놓고, 프로시저 이름을 "moveBug"로 바꾼다. 그리고

다시 [Built-in] 〉 [Procedures]를 선택하면 [call {moveBug}]가

새로 생성되어 있다.

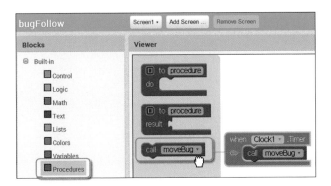

완성된 블록은 다음과 같다.

4. 스마트폰으로 테스트하기

1. 폰에서 실행하기

[Connect]에서 [AI Companion]을 선택한
후 QR 코드가 나오면 폰의
[MIT AI2 Companion]을 실행하여 다운
받아서 실행해 보자.

2. 테스트하기

폰을 손에 올려 놓고 방향을 바꾸어
테스트하자. 기울기는 방향에 따라 무당벌레가 움직인다.

퀴즈

- 0.2초마다 어떤 작업을 시키려고 한다. 어떤 컴포넌트를 이용할까?
- 방향 값을 계산해 주는 컴포넌트는 무엇인가?
- 캔버스는 어떤 용도로 활용될까?
- 이미지 스프라이트와 이미지는 어떤 차이가 있는가?

요약

- 타이머를 활용하여 0.2초마다 함수를 호출한다.
- 무당벌레가 이동하는 함수를 만든다.
- 방향 센서로 방향과 속도를 측정한다.
- 이미지 스프라이트를 이용하여 무당벌레를 움직인다.

창의성 문제

- 폰의 방향에 따라 무당벌레가 바라보는 방향을 바꾸게 하자.
- 방향이 바뀌면 소리를 내도록 하자.

가위바위보

폰을 흔들면, 가위바위보 중에 하나를 화면에 크게 출력해 준다.
폰을 흔들면 폰 속에 있는 가속도 센서가 인식하고, '가위바위보'
중에 하나를 화면에 큰 글씨로 출력하도록 하자.

스마트폰으로 '가위바위보' 게임을 만들어 보자.

학습내용

• 가속도 센서 인식하기
• 리스트 활용하기
• 화면 출력

학습목표

이 앱을 마치면 다음을 할 수 있다.

• 스마트폰을 흔들면 반응하도록 할 수 있다.
• 가위바위보를 리스트로 만들고 하나씩 선택할 수 있다.
• 선택된 것을 큰 글씨로 화면에 출력할 수 있다.

1. 새 프로젝트 "gawibawibo" 만들기

앞서 1부 2장에서 설명한 대로 다음과 같이 프로젝트를 준비하자.

크롬 브라우저를 열고 http://appinventor.mit.edu에 접속하여 Create 를 선택한다.

안내를 따라 gmail의 ID와 패스워드로 로그인한다.

화면 중간 부분의 [Project]를 클릭하여 [Start new project...]를 선택한다.

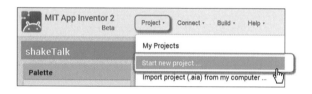

앱 프로젝트 이름에 "gawibawibo"를 입력하고 [OK]를 선택하자.

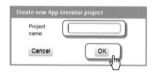

2. 디자이너[Designer]에서 컴포넌트[Component] 준비하기

1. [Label]을 추가하기

[Palette]에서 [User Interface] 중에 [Label]을 마우스로 끌어 [Viewer]에 놓는다.

글씨를 크게 하자.

[Label1]을 마우스로 선택하고 [Properties]에서 FontSize 바로 아래에 48을 적는다. 참고로, 기본 폰트 크기는 10이다.

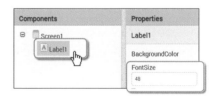

폰을 흔들면 동작하도록 하는 가속도 센서를 넣는다.

가속도 센서를 끌어 [Viewer]에 놓으면 보이지 않는 센서이므로 아래로 떨어진다.

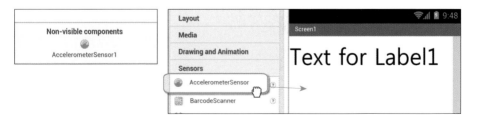

3. 블록[Blocks] 에디터에서 기능 설정하기

이제부터 블록이 하는 일을 정하자.
오른쪽 상단의 [Blocks]을 선택한다.

1. 가속도 센서의 흔드는 이벤트 반응하기

폰을 흔들면 반응하도록 가속도 센서인
AccelerometerSensor1을 마우스로 선택한다.

마우스로 [when {AccelerometerSensor1}.Shaking]을
누른 채 끌어 [Viewer]에 놓는다.

2. 문자 출력하기

[Screen1]에서 [Label1]을 마우스로 선택하면
오른쪽에 여러 가지가 나온다.

그 중에 [set {Label1.Text} to]를 끌어서
[Shaking] 사이에 놓는다.

3. 가위바위보 리스트 만들기

가위바위보 목록(Lists)을 만들고 무작위로
선택되도록 하자. 목록은 [Blocks] 중에
[Built-in]에서 [Lists]를 선택하면 나온다.

[Lists] 목록 중에 무작위로 선택해 주는 것은
[pick a random item list] 블록이다.

이 블록을 끌어서 [set {Label1}.{Text} to] 옆에 끼운다.

[Lists] 중에 [make a list] 블록을 [pick a random item list]
옆에 끼운다.

현재 리스트에 2개를 끼울 수 있도록 되어 있는데 3개를 끼울
수 있도록 하나를 더 추가하자. 왼쪽의 푸른색 버튼 속의 흰색
네모를 마우스로 누르면, 네모 풍선이 나온다. 왼쪽의 [item]을
마우스로 눌러서 [list] 속 [item] 아래에 끼워 넣는다.

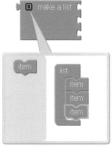

[make a list] 블록 연결이 완성되었다.

4. 텍스트 넣기

목록에 "가위", "바위", "보" 글자를 넣으려면 Text 블록이
필요하다. [Blocks]에서 [Built-in] 중에 [Text]를 선택하고,
빈 문자 [" "]를 끌어서 [make a list] 옆에 끼운다. 세 번 반복해도
되고, 첫 번째 블록 위에 마우스를 올리고 오른쪽 버튼을 눌러
[Duplicate]를 복사해도 된다.

[" "] 사이에 가위, 바위, 보를 적으면 완성된다.

가위바위보의 완성된 블록이다.

4. 스마트폰으로 테스트하기

- 스마트폰에서 앱을 실행하려면, 앱 인벤터의 [Connect] 메뉴에서 [AI Companion]을 선택한다.
- 컴퓨터의 윈도우 창에 QR 코드가 화면에 나온다.
- 스마트폰에서 [MIT AI2 Companion] 앱을 실행한다.
- **[Scan QR Code]**를 선택한다.
- 폰 카메라를 화면의 QR 코드를 향해 대고 천천히 움직이면, QR 코드가 찍히고 잠시 화면이 정지되면서 앱이 내 폰에서 실행된다.
- 폰을 흔들면 "가위", "바위", "보" 중에 하나가 문자로 나타난다.

퀴즈
- 여러 개의 문장 중에 하나를 선택하는 데 이용되는 컴포넌트는 무엇인가?
- 임의의 하나의 문장을 선택하는 블록은 무엇인가?

요약
- 랜덤 리스트를 사용하여 무작위로 골라내기
- 선택된 문구를 화면에 출력하기

창의성 문제
글자도 나오고 "가위바위보"를 음성으로도 들려주는 앱을 만들자.

폰을 흔들면 가위바위보

폰을 흔들면, 가위바위보를 화면에 출력하고, 소리로 들려준다.

학습내용

- 폰을 흔들면 반응한다.
- 리스트의 선택을 활용한다.
- 선택된 단어를 소리로 들려준다.
- 조건문을 배운다.

학습목표

이 앱을 마치면 다음을 할 수 있다.

- 폰을 흔들면 화면에 가위, 바위, 보 중 하나를 화면에 출력할 수 있다.
- 폰을 흔들면 가위, 바위, 보 중 하나를 음성으로 들려준다.

1. 앱의 복사

가위바위보(gawibawibo) 앱에 이어서 다음 작업을 한다.

2. 블록[Blocks] 에디터에서 기능 설정하기

1. if 조건문 만들기

if 문은 조건을 검사하기 위해 사용한다.

가위, 바위, 보 중에 어떤 것이 나왔는지 비교할 필요가 있다.
비교하려면 [Built-in]의 [Control]에 있는 [if-then]을 이용한다.

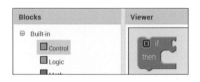

if 블록에 else if를 쉽게 추가할 수 있다. 왼쪽 상단 if 옆에 있는
푸른색의 사각형을 누르면 [else if]와 [else]가 옆에 보이는데,
필요한 블록을 마우스로 끌어서 if 오른쪽에 끼워 맞춰 항목을
늘일 수 있다. [else if]를 추가한 후 [else]를 추가하자.

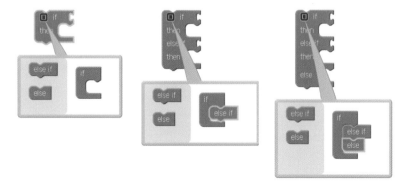

2. 두 값씩 비교하기

두 값을 비교하려면 [Built-in] 블록에서 [Logic]을 선택한 다음,
[{ } = { }] 블록이 필요하므로 이 블록을 끌어다 놓자.

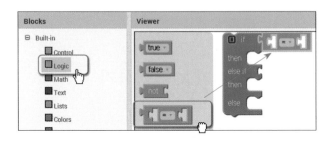

[Label1]에는 가위, 바위, 보 중에 하나가 선택되어 있는데, 이
단어들을 비교하기 위해서는 [{Label1}.{Text}]의 내용을 비교해야
한다.

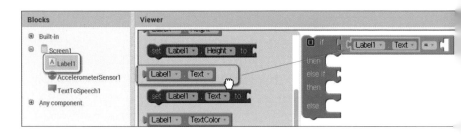

단어를 넣으려면 [Blocks]의 [Built-in]에서 [Text]를 선택하고
빈 문자열 {"   "}를 끌어다 놓는다.

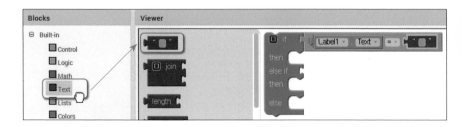

따옴표 사이에 "가위"를 써 넣자.

만약 가위가 선택되었다면 "가위"라고 소리를 내어야 하므로,
[Screen1]에서 문자를 읽어주는 [TextToSpeech1]을 선택하고,
[call {TextToSpeech1}.Speak]를 끌어다 then 옆에 놓자.

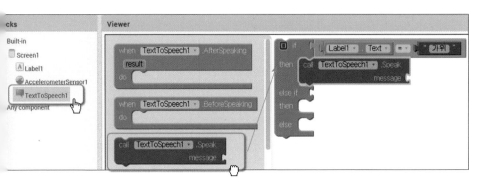

[Text] 블록 ["가위"] 위에 마우스를 올리고 오른쪽을 클릭한다.
[Duplicate]를 선택해서 복사를 한다.

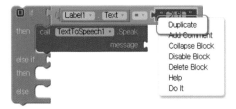

이것을 끌어당겨 message 옆에 끼워 넣자.

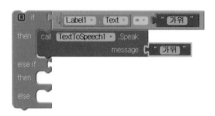

[else if] 옆에는 [if] 옆의 블록을 복사해서 넣고, "가위"를
"바위"로 바꾸자.

[call {TextToSpeech1}.Speak]를 복사해 끼워놓고 "가위"를
"바위"로 바꾸자

마지막으로 [else] 옆에 [call {TextToSpeech1}.Speak] 블록을
복사하여 붙여 넣고, "보"로 바꾸자.

스마트폰을 흔들면 가위, 바위, 보 중에 하나를 화면에 출력하고,
음성을 읽어 주는 완성된 블록이다.

3. 스마트폰으로 테스트하기

1. 폰에서 실행하기

[Connect]에서 [AI Companion]을
선택한 후 QR 코드가 나오면 폰의
[MIT AI2 Companion]을 실행하고
다운 받아 실행한다.

2. 테스트하기

스마트폰을 조금 세게 흔들어 보자. 가위,
바위, 보 중에 하나를 화면에 출력하고
말한다.

리스트를 이용한 가위바위보와 가위바위보 그림 넣기 및 문자로
서로 결과를 주고받아 누가 이겼는지 확인하는 앱을
꿀잼 앱 인벤터 카페(388번, 1894번)를 활용하여 학습하자.

퀴즈

if~else 조합으로 된 조건문은 어떤 경우에 활용할 수 있을까?

요약
- if-else를 사용하여 text 값과 비교하기
- 일치하는 문구를 읽어주기

창의성 문제
- 가위바위보에 따라 3장의 가위, 바위, 보 사진 중에 하나가 출력되도록 하자.
- 카페를 방문하여 여러 가지 가위바위보를 실습해 보자. http://cafe.naver.com/appinv를
  방문하여 검색창에 "가위바위보"를 입력하면 다양한 방법으로 만든 가위바위보 게임을
  실습할 수 있다.

실로폰

버튼을 8개 만들고 딩동댕 실로폰을 만들자. 8음계로 실로폰을
연주해 보자.

학습내용

• 버튼과 사운드 연결하기
• 함수 만들기와 활용
• 문자열 합치기

학습목표

이 앱을 마치면 다음을 할 수 있다.

• 버튼으로 연주할 수 있는 실로폰을 만들 수 있다.
• 프로시저(Procedure) 함수로 반복되는 작업을 작성할 수 있다.

1. 새 프로젝트 "xylophone" 만들기

앞서 1부 2장에서 설명한 대로 다음과 같이 프로젝트를 준비하자.

크롬 브라우저를 열고 http://appinventor.mit.edu에 접속하여 Create 를 선택한다.

안내를 따라 gmail의 ID와 패스워드로 로그인한다.

화면 중간 부분의 [Project]를 클릭하여 [Start new project...]를 선택한다.

앱 프로젝트 이름에 "xylophone"을 입력하고 [OK]를 선택하자.

2. 디자이너 [Designer]에서 컴포넌트 [Component] 준비하기

1. [Button]을 추가하기

[Pallette]에서 [User Interface] 중에 [Button]을 마우스로 끌어
[Viewer]에 놓는다. 가로 폭을 화면에 가득 차게 하자.

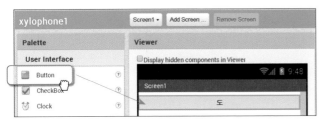

버튼을 가로로 화면 가득하게 만들려면 [Button1]을 마우스로
선택하고 [Properties]에서 [Width]를 [Fill parent...]로 바꾼다.

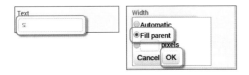

이 작업을 도, 레, 미, 파, 솔, 라, 시, 도에 대해 8회를 반복한다.

2. 사운드 컴포넌트 추가하기

[Media] 팔레트에서 [Sound] 컴포넌트를 Viewer에 추가한다.

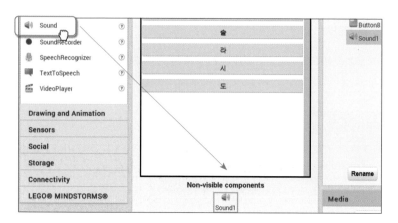

3. 미디어 파일 8개 추가

도레미파솔라시도의 notes.zip 소리 파일을

http://cafe.naver.com/appinv/42에서 다운 받아 압축을 푼다.

(1.wav, 2.wav, 3.wav, 4.wav, 5.wav, 6.wav, 7.wav, 8.wav)

음계 파일을 [Media] 아래의 [Upload File …]을 눌러 추가하자.

[파일선택]을 누르고 폴더로 가서 [1.wav]를 선택하고

[열기(O)] 버튼을 누른 다음 Upload File… 의 [OK]를 선택한다.

8번 반복하여 [Media] 아래에 8개의 파일이 보이도록 한다.

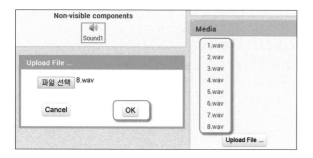

3. 블록[Blocks] 에디터에서 기능 설정하기

이제부터 블록이 하는 일을 정하자. 오른쪽 상단의
[Blocks]을 선택한다.

1. 버튼에 따라 소리 내는 함수 프로시저 만들기(매개변수 1개)

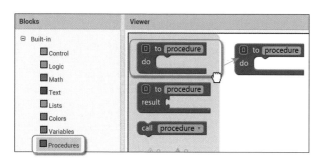

이 프로시저는 선택하는 버튼에 따라 "도"는 1.wav, "레"는
2.wav 등 숫자로 된 사운드 파일을 선택하고 음악을 연주한다.
[Blocks]에서 [Built-in]을 선택하고 [Procedures]를 선택하여

[to {procedure}]를 끌어다 [Viewer]에 놓는다.

[to {procedure}]를 클릭하여 이름을 playNote로 바꾼다.

프로시저의 매개 변수로 하나의 숫자를 보내기 위해 변수를
추가하자. 왼쪽의 푸른 네모 사각형을 누르고 [input {x}]를
끌어다 [inputs] 사이에 놓는다.

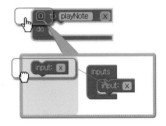

[Sound1]을 선택하고, [set {Sound1}.{Source}to]와
[call {Sound1}.Play]를 끌어다가 [to {procedure}]에 끼워 넣는다.

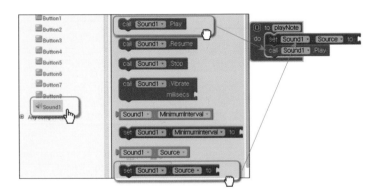

[Text]를 선택하고 [join] 블록과 빈 문자열 [" "] 블록을 추가하고
".wav"를 입력한다.

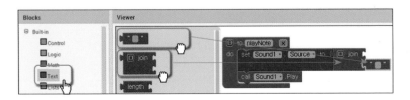

[x] 위에 마우스를 살짝 올리면 get과 set가 나온다. 조심스럽게 [get {x}]를 선택하여 [join] 옆에 끼워 넣자.

2. 첫 버튼을 누르면 1.wav로 "도" 소리 내기

[Button1]을 선택하고 [when {Button1}.Click]을 선택하고 끌어다 [Viewer]에 넣자.

[Built-in] 블록에서 [Procedures]를 선택하고 새로 만들어진 [call {playNote}]를 끌어다 [when {Button1}.Click]에 끼워 넣는다.

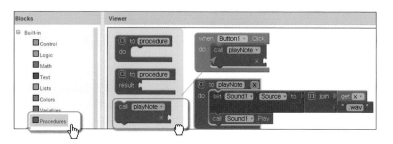

[x]옆에는 블록 [Math]를 선택하고 ["0"]을 끌어다 끼워 넣고 숫자 1을 입력한다.

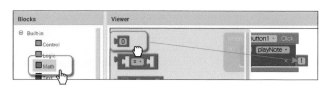

4. 블록의 복사

동일한 과정을 나머지 버튼에 대해서 7번 더 해야 하는데, 블록을 마우스로 선택한 다음 Ctrl+c로 복사하고 Ctrl+v로 붙여 넣기를 하거나 또는 블록의 왼쪽에서 마우스 오른 버튼을 눌러 [Duplicate]를 선택해도 된다.

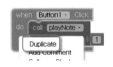

복사된 블록은 붉은색의 느낌표가 나오는데, 중복되는 것을 바꾸기 위해 [when {Button1}.Click]에서 [Button1]을 [Button2]로 변경한다. 숫자도 [2]로 변경한다.

 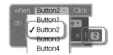

나머지 블록에 대해서도 6회 반복하여 버튼에 따라 해당 음이 연결되도록 한다.

완성된 블록의 버튼 8개와 함수 프로시저 playNote는 다음과 같다.

5. 스마트폰으로 테스트하기

- 스마트폰에서 앱을 실행하려면, 앱 인벤터의 [Connect] 메뉴에서 [AI Companion]을 선택한다.
- 컴퓨터의 윈도우 창에 QR 코드가 화면에 나온다.
- 스마트폰에서 [MIT AI2 Companion] 앱을 실행한다.
- [Scan QR Code]를 선택한다.
- 실로폰으로 연주를 해 보자.

퀴즈
- 동일한 기능을 매개 변수만 다르게 하여 반복할 때 어떤 블록을 활용하여 함수를 만들까?
- 블록을 복사하는 2가지 방법은?
- 문자열 2개를 합하는 블록은?

요약
- 버튼에 따라 소리 내기 함수 만들기
- 두 개의 문자열을 하나로 만들기
- 블록을 복사하기

창의 문제
- 실로폰 건반의 색상을 다르게 바꾸자.
- 연주된 음악을 기록해 두었다가 새로 재생하는 기능을 넣자(http://cafe.naver.com/appinv/126).

04

꿀 잼 앱 인 벤 터

꿀잼 앱 인벤터 들이키기
(앱 인벤터 심화 실습)

그림 그리기 만들기

스마트폰 입력창에 색상과 선 굵기를 결정하여 선을 그릴 수
있고 그린 선을 지울 수 있다.

학습내용

- 그리기 할 수 있는 캔버스
- 손으로 터치하여 드래그
- 정렬 컴포넌트(Arrangement components)로 스크린 레이아웃 사용
- 매개변수(argument) 사용하기

학습목표

이 앱을 마치면 다음을 할 수 있다.

- 정렬 컴포넌트(Arrangement components)를 사용하여 스크린 레이아웃을
  설정할 수 있다.
- 그리기에서 선의 굵기를 조절할 수 있다.
- 그리기에서 점의 크기를 바꿀 수 있다.
- 그리기에서 선이나 점의 색상을 변경할 수 있다.

1. 새 프로젝트 "DrawColor" 만들기

앞서 1부 2장에서 설명한 대로 다음과 같이 프로젝트를 준비하자.

크롬 브라우저를 열고 http://appinventor.mit.edu에 접속하여 Create 를 선택한다.

안내를 따라 gmail의 ID와 패스워드로 로그인한다.

화면 중간 부분의 [Project]를 클릭하여 [Start new project...]를 선택한다.

앱 프로젝트 이름에 "DrawColor"를 입력하고 [OK]를 선택하자.

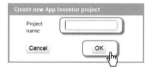

2. 디자이너[Designer]에서 컴포넌트[Component] 준비하기

1. 버튼과 가로 정렬 추가

- 팔레트에서 필요한 구성요소를 클릭하여 편집창에 드래그한다.
- Screen1에 Button 3개, HorizontalArrangement 1개를 드래그한다.
- 각 구성 요소들의 이름과 속성들을 알맞게 수정한다.

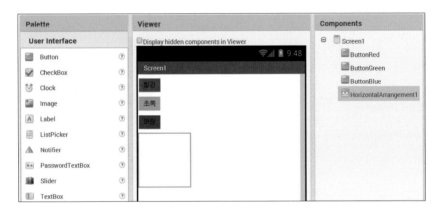

2. Arrangement 사용하여 버튼 정렬하기

- [HorizontalArrangement]를 클릭하고 가로 크기 Width를 [Fill parent]로 수정한다.
- 세로 크기 Height는 [Auto]로 설정한다.
- 각 버튼을 [HorizontalArrangement]에 넣어 가로로 나란히 정렬한다.

3. 캔버스 추가하기

- 팔레트에서 [Drawing and Animation]을 클릭하고
  Canvas를 끌어온다.
- 캔버스에 들어갈 이미지를 업로드한다.
- 이미지가 없으면 http://goo.gl/TsEpOb에서 다운로드 받아
  사용한다.
- 캔버스의 배경을 업로드하고 크기를 가로 Width를
  Fill Parent로, 세로 Height를 300픽셀로 지정한다.

4. 버튼 추가하기

- 그림과 같이 [Canvas] 아래에 버튼을 3개 추가하고 이름을 알맞게 수정한다.
- [HorizontalArrangement]를 이용하여 정렬을 가운데로 맞춘다.

3. 블록[Blocks] 에디터에서 기능 설정하기

1. 그리기 블록 만들기

[Blocks]을 클릭하여 블록 에디터를 열고 다음과 같이 블록을 만든다.

- Canvas1을 클릭한다.
- [when {Canvas1}.Touched] 블록을 작업영역에 끌어온다.
  [get x]와 [get y]는 [x]와 [y] 위에 마우스를 올리고 있으면
  나타난다.
- 다시 Canvas1을 클릭하여 [when {Canvas1}.Dragged] 블록을
  작업영역에 끌어온다.

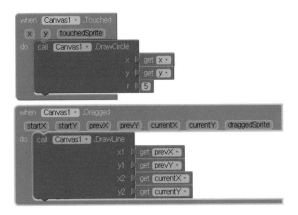

2. 색상 버튼 만들기

색상 버튼을 각각 클릭하여 [Viewer]에 끌어 놓고
[set {Canvas1}.{PaintColor}to]를 끌어와 끼운다. [Built-in]에서
[Color]를 클릭하여 색상을 끌어와 [set {Canvas1}.{PaintColor}
to]에 끼운다.

3. 지우기 버튼 만들기

지우기 버튼(Wipe)을 클릭하면 화면이 깨끗이
지워지도록 그림과 같이 만든다. [call {Canvas1}.Clear]
명령은 [Canvas] 위에 그려진 모든 그림을 지워준다.

4. 펜 굵기 조정하기

팔레트에서 [Variable]을 클릭하여 변수를 만든다. "DotSize"를
입력하고 [Math]에서 숫자 블록을 가져와 숫자를 입력한다.

5. 전체 블록

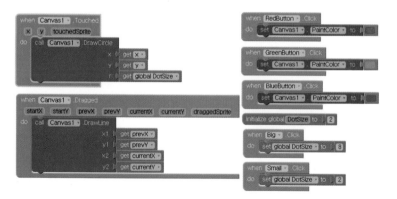

4. 스마트폰으로 테스트하기

- 다음의 단계에 따라 스마트폰에 [MIT AI2 Companion]를 앱스토어에서 다운받고 설치한다.
- 스마트폰에서 앱을 실행하려면, 앱 인벤터의 [Connect] 메뉴에서 [AI Companion]을 선택한다.
- 컴퓨터의 윈도우 창에 QR 코드가 화면에 나온다.
- 스마트폰에서 [MIT AI2 Companion] 앱을 실행한다(이때 반드시 스마트폰이 컴퓨터가 연결된 기기와 동일한 무선 공유기의 와이파이로 연결되어 있어야 한다).
- [Scan QR Code]를 선택한다.
- 폰 카메라를 화면의 QR 코드를 향해 대고 천천히 움직이면, QR 코드가 찍히고 잠시 화면이 정지되며 앱이 내 폰에서 실행된다.

앱 인벤터에서 수정을 하면 폰에도 앱이 수정되어 실행이 된다.

퀴즈

• 숫자를 활용하는데 필요한 컴포넌트는 무엇인가?
• 캔버스에 선을 그리기 위한 블록은 무엇인가?
• 캔버스에 선의 굵기를 조절하기 위한 변수 선언을 하는 방법은 무엇인가?

요약

• 그리기에서 선의 굵기를 조절할 수 있다.
• 그리기에서 점의 크기를 바꿀 수 있다.
• 그리기에서 색상을 변경할 수 있다.

창의성 문제

• 스크롤 바를 활용하여 점의 굵기를 변경해 보자.

그림 그리기와
사진 촬영

그림 그리기 앱은 스마트폰 입력창에 색상을 선택하여 자유롭게
선을 그릴 수 있고, 카메라를 이용하여 사진을 촬영하여
배경으로 설정한 뒤 그 위에 그림을 그릴 수 있다.
펜의 굵기를 조절하고 그린 선들을 지울 수 있다.

학습내용
- 그리기 할 수 있는 캔버스 사용하기
- 손으로 터치하여 드래그하기
- 정렬 컴포넌트(Arrangement components) 사용하여 스크린 레이아웃
  설정하기
- 이벤트(event)처리를 위해 매개변수(argument) 사용하기
- 카메라로 사진을 촬영하고 배경으로 넣기

학습목표
이 앱을 마치면 다음을 할 수 있다.

- 변수의 개념을 이해한다.
- 카메라 컴포넌트를 활용할 수 있다.

1. 새 프로젝트 "Draw" 만들기

앞서 1부 2장에서 설명한 대로 다음과 같이 프로젝트를
준비하자.

크롬 브라우저를 열고 http://appinventor.mit.edu에 접속하여
Create 를 선택한다.

안내를 따라 gmail의 ID와 패스워드로 로그인한다.

화면 중간 부분의 [Project]를 클릭하여 [Start new project...]를
선택한다.

앱 프로젝트 이름에 "Draw"를 입력하고 [OK]를 선택하자.

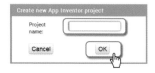

2. 디자이너[Designer]에서 컴포넌트[Component] 준비하기

1. [Button] 3개와 [HorizontalArrangement] 1개 추가

[Pallette] 〉 [User Interface]의 [Button] 3개를 추가하고
[Pallette] 〉 [Layout]의 [HorizontalArrangement]를 [Viewer]에
끌어온다.

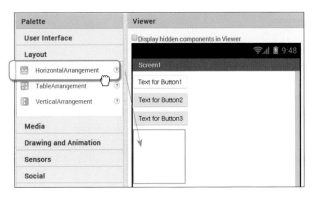

각 구성 요소들의 이름과 속성들을 알맞게 수정한다. [Properties] 창에서 버튼의 이름을 바꾼다. 버튼에 표시될 이름을 Text란에 입력한다.

컴포넌트	속성
Button1	빨강
Button2	파랑
Button3	초록

2. 정렬 컴포넌트로 버튼 정렬하기

[Screen1]을 선택하고 [Components]에서 [HorizontalArrangement]를 클릭하여 가로 크기를 [Fill parent]로 수정한다. 세로 크기는 [Automatic...]으로 설정한다. 버튼을 마우스로 [HorizontalArrangement] 안에 이동하여 가운데(Center)로 정렬한다.

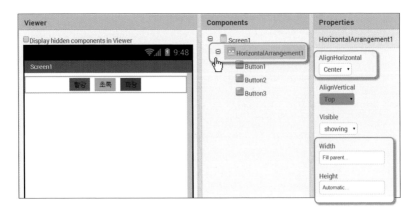

3. 캔버스 추가하기

팔레트에서 [Drawing and Animation]을 클릭하고
[Canvas]를 드래그한다. 캔버스에 들어갈 이미지를
[Properties]의 [BackgroundImage]에 업로드한다. 이미지가
없으면 http://cafe.naver.com/appinv/48에 접속하여 kitty.png를
다운로드 받아 사용한다. 업로드한 캔버스의 배경을 가로를 Fill
Parent로, 세로를 300픽셀로 지정한다.

4. 버튼과 카메라 추가하기

그림과 같이 4개의 버튼을 추가시키고 이름을 알맞게 수정한다.
[HorizontalArrangement]를 이용하여 정렬을 가운데로 맞춘다.
[Palette]에서 [Media]에 있는 [Camera]를 드래그하여 가지고
온다.

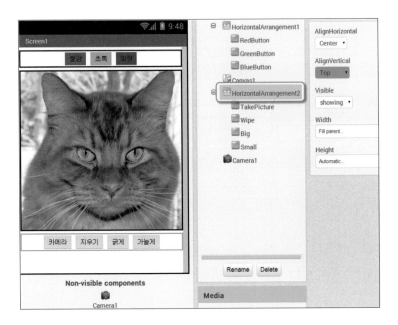

3. 블록[Blocks] 에디터에서 기능 설정하기

[Blocks]을 클릭하여 블록 에디터를 연다.

1. 점을 그리기 위한 블록

Canvas1을 클릭한다. [when {Canvas1}.Touched] 블록을

작업영역에 드래그한다. 다시[Canvas1]을 클릭하고
[call {Canvas1}.DrawCircle]을 끌어 온다. [when {Canvas1}.
Touched]의 이벤트 핸들러 위의 이벤트 핸들러 위의 [x]와 [y]
위에 마우스를 올리면 [get {x}][get {y}]가 나타난다.

 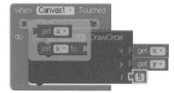

2. 선을 그리기 위한 블록

다시 [Canvas1]을 클릭하고 [when {Canvas1}.Dragged] 블록을
작업영역에 드래그한다.

3. 색상 버튼 만들기

버튼을 클릭하여 다음 그림과 같이 블록을 정렬한다.
[when {Button}.Click] 이벤트는 하나를 만들고 블록 위에서
오른쪽 마우스를 클릭하고 [Duplicate]로 복사한 다음

[ButtonRed]에 붙어있는 콤보 버튼 역 삼각형(▼)을 눌러
[ButtonBlue]를 선택하여 사용하면 된다. [ButtonGreen]도
동일한 방법으로 복사한다.

4. 지우기 버튼 만들기

지우기 버튼[Wipe]를 클릭하면 화면이
깨끗이 지워지도록 그림과 같이 만든다.

5. 펜 굵기 조정하기

팔레트에서 [Variable]을 클릭하여 변수를 만든다.
[initianlize global {name} to] 블록에서 "name"을 "DotSize"로
변경하고 [Math]에서 숫자 블록을 가져와 숫자 8을 입력한다.

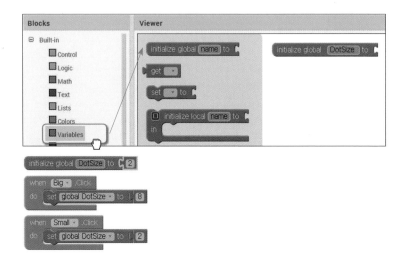

6. 점의 크기 변경

점의 크기를 변경하려면 [DrawCircle] 함수의 매개변수 r의
값을 변경해야 한다. Blocks에서 [Variable]을 선택하고 [get]을
끌어와서 [get {global DotSize}]로 변경해 준다.

7. 완성된 블록

그림 그리기, 색상 변경하기 및 큰 점 그리기가 완성된 블록이다.

8. 카메라로 사진을 찍어 배경 화면으로 사용하기

[Blocks]에서 [ButtonCamera]를 가지고 온 후 [Blocks]에서
[Camera]를 클릭하고 [call {Camera1}.TakePicture]를 끌어온다.

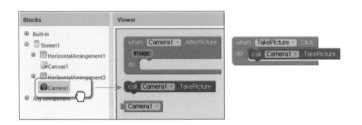

카메라로 찍은 영상을 배경으로
만들려면 [Camera]를 다시 클릭하고
[when {Camera1}.AfterPicture]를
끌어온다. 그리고 [Canvan1]의 배경을
지정한다.

9. 완성된 블록

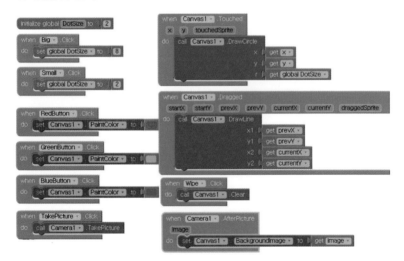

4. 스마트폰으로 테스트하기

- 스마트폰에 [MIT AI2 Companion]를 앱스토어에서 다운받아 설치한다.
- 스마트폰에서 앱을 실행하려면, 앱 인벤터의 [Connect] 메뉴에서 [AI Companion]을 선택한다.
- 스마트폰에서 [MIT AI2 Companion] 앱을 실행한다.
- [Scan QR Code] 선택한다.
- 화면의 QR 코드를 촬영하면 스마트폰에 실시간으로 앱이 실행된다.

실습이 완성되어 오류가 발생하지 않으면 메뉴에서
[Build] 〉 [App(provide QR code for .apk]를 클릭하여 QR 코드를
통해 다운로드 받는다. 이때는 QR Droid 와 같은 QR 코드
스캐너를 사용한다.

퀴즈

• 점의 색상을 변경시키려면 어떻게 해야 할까?

• 사진을 찍는 컴포넌트의 이름은 무엇인가?

요약

• 캔버스에서 선긋기, 점찍기

• 선 색상변경, 점 크기 변경

• 카메라로 찍은 사진을 배경으로 사용하기

창의성 문제

• 갤러리에 저장된 사진을 배경으로 지정하는 기능을 추가해 보자.

두 개의 사운드 실행

두 개의 버튼 중 하나를 클릭하면 사운드가 실행되고, 다른
하나를 실행하면 현재 사운드는 중지하고 새 사운드가 실행되는
앱을 만들어 보자

학습내용
- 버튼을 클릭하면 녹음된 사운드 파일이 실행된다.
- 버튼을 두 개 만들고 각각의 버튼을 클릭하면 사운드가 실행되게 만들기
- [Control] 블록에 있는 [IF then else] 블록을 이용하여 각각의 버튼을
  클릭할 때 한 개가 실행되면 다른 한 개는 재생을 멈춘다.

학습목표
이 앱을 마치면 다음을 할 수 있다.

- 버튼을 클릭하여 사운드를 재생시킬 수 있다.
- [Control] 블록을 사용하여 조건에 맞게 제어할 수 있다.

사운드 실행시키기 앱은 버튼을 클릭하면 녹음되어 있는 사운드가 재생된다.

두 개의 버튼을 만들어 버튼 한 개를 누르면 사운드가 재생되고 다른 버튼을 누르면 재생되던 사운드가 멈추고 새로운 사운드가 재생되는 앱이다.

버튼의 배경에 이미지를 넣어서 이미지 버튼을 만든다. 이전 프로젝트를 참고해서 활용한다.

1. 프로젝트 복사하기

3부 14장 "사운드 실행 앱" 프로젝트를 참고하여 블록을 새로 만들거나, 그대로 복사하여 사용한다.

2. 디자이너[Designer]에서 컴포넌트[Component] 준비하기

1. Designer 화면으로 이동하기

앞의 예제를 복사하였다면 [Blocks]에서 [Designer] 화면으로 간다.

[Palette]에서 [Button]을 선택하여 [Viewer]에 추가시키고 [Components]에서 [Button2]를 클릭한 다음 [Properties]의 [Image]난에서 이미지를 추가시킨다. [Text]난에 있는 내용은 지운다.

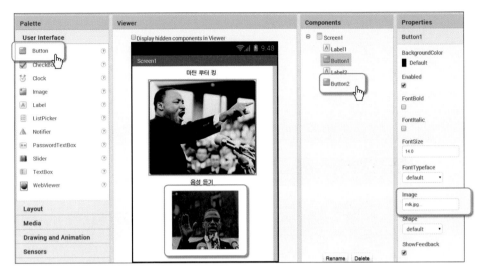

2. 버튼 크기 조절하기

버튼을 작게 만들려면 [Button1]에 작은 이미지를 지정한다.

3. 두 개의 버튼 나란히 정렬하기

팔레트에서 [Layout]에 있는 [HorizontalArrangment]를
선택하여 작업영역에 끌어다 놓는다. [HorizontalArrangment]에
두 개의 버튼을 나란히 놓는다.

4. 이미지 추가하고 Label 수정하기

팔레트에서 [Image]를 추가하고 큰 이미지를 선택한다.

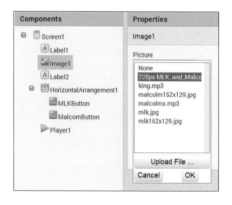

[Label]의 위치를 그림과 같이 이동시키고 내용을 입력한다.
[Button]의 이름도 변경한다.

이름	새 이름	속성
Label1	Label1	마틴 루터 킹과 말콤 X
Label2	Label2	각각 음성 듣기
Button1	MLKButton	변경없음
Button2	MalcomButton	변경없음

5. Player2 추가하기

팔레트에서 [Media]에 있는
[Player]를 클릭하여 뷰어에 끌어다
놓으면 [Player2]가 추가된다.
[Components]에서 [Player2]를
클릭하고 [Properties]에서
[Source]에 malcomx.mp3를
연결한다. 파일은 http://cafe.naver.
com/appinv/49에 있다.

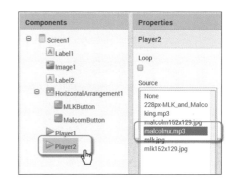

3. 블록[Blocks] 에디터에서 기능 설정하기

1. Player2 블록 만들기

[Block]에서 [MalcomButton]을 클릭하여
[when {MalcomButton}.Click]을 viewer에 끌어다 놓는다.
그리고 [Player2]를 클릭하고 [call {Player2}.Start]를 선택하여
[when {MalcomButton}.Click]에 끼워 넣는다.

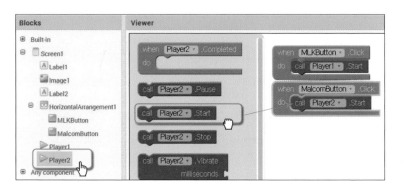

2. 제어[Control] 블록 사용하기

[Control] 블록을 사용하면 앱의 동작을 사용자가 지정한
상황에 따라 서로 다르게 동작하게 만들 수 있다. [Block]에서
[Control]을 클릭한 다음 [if then]을 [Viewer]에 끌어다 놓는다.

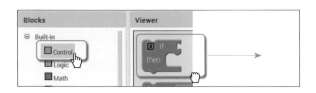

[if else] 블록의 파란색 부분을 클릭하면 팝업창이 나타나는데,
거기에서 [else]를 선택하여 [if]에 끌어다 놓는다. 그러면
[if then else] 블록이 만들어진다. 이런 방법을 사용하여 블록의
기능을 확장시킬 수 있다.

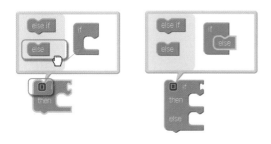

뷰어에서 [when {MLKButton}.Click]에 있는 [Player1.isPlaying]을
선택하여 [if] 난에 끼워 넣는다. 이 동작의 의미는 "Player1 이
실행된다면"이라는 뜻이다. 그리고 [Blocks]에서 [Plyer1]을
클릭한 다음 then에 [call {Player1}.Pause]을 끼워 넣고, else 란에
[call {Player1}.Start]를 끼워 넣는다.

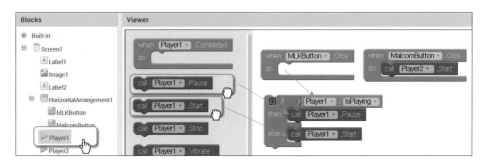

그리고 이 [if else] 블록을 [when {MLKButton}.Click]에 끼워
넣는다. 이 동작의 의미는 "MLKButton을 클릭할 때, Player1이
실행되고 있다면 Player1을 멈추고, 실행되지 않고 있다면

실행시키라."라는 뜻이다. 같은 방법으로 MalcomButton도
블록을 만든다.

그림과 같이 MalcomButton을 만든다. 각각의 버튼을 클릭하면
사운드가 실행되고 다시 클릭하면 멈춘다. 그리고 버튼 하나를
눌러서 사운드를 실행시키다가 다른 버튼을 누르면 실행되던
사운드를 멈추고 방금 클릭한 버튼의 사운드 파일이 실행된다.
완성시킨 다음 스마트폰으로 실행해 보자.

마지막으로 하나의 버튼을 클릭하면 다른 하나의 사운드는
들리지 않게 하는 기능을 추가해 보자. 블록에 만들어 둔
[call {Player2}.Pause]를 복사하여 MLKButton에 끼워 넣는다.
마찬가지로 MalcomButton도 [call {Player1}.Pause] 복사하여
끼워 넣는다.

이렇게 완성하면 각각의 버튼을 클릭할 때 다른 버튼에서
재생되는 사운드는 꺼지고 다시 버튼을 누르면 실행되는 앱이
완성되었다.

4. 스마트폰으로 테스트하기

- 완성되면 메뉴에서 [Connect]의
  [AI Companion]을 클릭한다.
- 스마트폰에서 MIT AI2 Companion을
  실행시키고 QR 코드를 스캔하여
  프로그램을 다운로드 받는다.
- 실습이 완성되어 오류가 발생하지
  않으면 메뉴에서 [Build]의
  [App(provide QR code for .apk]를
  클릭하여 QR 코드를 다운로드 받는다.
  이때는 QR Droid와 같은 QR 코드
  스캐너를 사용한다.

퀴즈

- 사운드를 실행시키는 블록의 이름은 무엇인가?
- [Control] 블록을 사용하면 어떤 일을 할 수 있나?

요약

- Player 2 사용하기
- 콘트롤문을 이용하여 기능 제어하기

창의성 문제

- 사운드 재생하기를 이용하여 버튼이 3개일 때 사운드 파일을 제어할 수 있는지 활용해 보자.

지도검색

찾고자 하는 지점을 구글 맵 서비스와 연결하여 찾아 준다.
GPS 위치정보를 활용한다. 구글 맵 서비스는 구글(Google)에서
만든 검색 툴로써 검색 지점의 지도를 보여준다. 원한다면
네이버 맵, 다음 맵 등으로 대체할 수 있다.

학습내용

- Activity Starter 컴포넌트 사용하기
  앱에서 다른 앱을 실행할 수 있는 컴포넌트이며, 이 예제에서는 웹에
  있는 구글 맵을 액티비티 스타터로 호출한다.

학습목표

이 앱을 마치면 다음을 할 수 있다.

- ActivityStarter로 앱에서 다른 앱의 응용을 연결하여 사용할 수 있다.
- 지도를 검색할 수 있다.

1. 새 프로젝트 "mapFind" 만들기

앞서 1부 2장에서 설명한 대로 다음과 같이 프로젝트를
준비하자.

크롬 브라우저를 열고 http://appinventor.mit.edu에 접속하여
Create 를 선택한다.

안내를 따라 gmail의 ID와 패스워드로 로그인한다.

화면 중간 부분의 [Project]를 클릭하여 [Start new project...]를
선택한다.

앱 프로젝트 이름에 "mapFind"를 입력하고 [OK]를 선택하자.

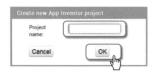

2. 디자이너[Designer]에서 컴포넌트[Component] 준비하기

필요한 컴포넌트이다.

- [Palette] 〉 [User Interface] 〉 [Button]
- [Palette] 〉 [User Interface] 〉 [TextBox]
- [Palette] 〉 [Connectivity] 〉 [ActivityStarter]

버튼[Button]과 텍스트 박스[TextBox] 컴포넌트를 [Viewer]에 넣는다.

[ActivityStarter]를 추가한다.

[ActivityStarter1]의 속성을 [Properties]에서 다음의 표와 같이
넣는다.

Properites	Value
Action	android.intent.action.VIEW
ActivityClass	com.google.android.maps.MapsActivity
ActivityPackage	com.google.android.apps.maps

이 속성 값들은 이 앱이 구글 맵 서비스와 연결하는 데 사용되는
값들이다. 다른 앱과 연결하고자 한다면
ActivityStarter 컴포넌트에 대해 좀 더 공부해야 한다.
http://beta.appinventor.mit.edu/learn/reference/other/
activitystarter.html에서 자세한 내용을 확인할 수 있다.

3. 블록[Blocks] 에디터에서 기능 설정하기

[Blocks] 〉 [Screen1] 〉 [Button1]을 클릭하고 [when {Button1}.
Click] 이벤트를 삽입한다.

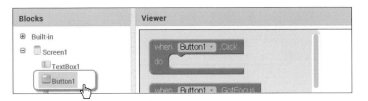

액티비티 스타터 URL 블록이다. 이 블록 오른쪽에 URL을
적는다.

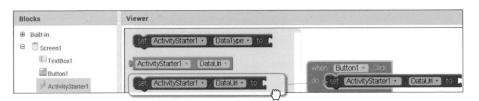

액티비티 스타터 실행블록이다. URL을 가져오게 한다.

텍스트 박스를 URL에 연결한다.

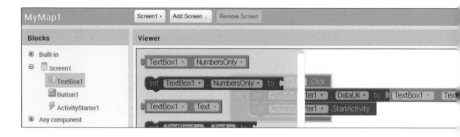

완성된 블록이다.

여기서 사용된 "geo:0,0?q="를 간략히 설명하자면,
"geo:0,0?q=" 뒤에 나오는 문자들을 바로 검색하여 주라는
의미의 명령어이다.

4. 스마트폰으로 테스트하기

1. 폰에서 실행하기

[Connect]에서 [AI Companion]을 선택한
후 QR 코드가 나오면 폰의
[MIT AI2 Companion]을 실행하여 다운
받아 실행을 한다.

2. 테스트하기

[textBox]에 "독도"를 입력하고, [Button]을 클릭해 보자.
구글 맵이 뜨고 독도를 중심으로 지도가 나온다.

퀴즈

- 구글 맵과 같은 다른 응용 앱을 호출하는 블록의 이름은 무엇인가?
- 구글 맵을 키워드로 검색하려면 ActivityStarter1의 특성 Properties 중에 DataUri에는 어떤 문자열을 넣어야 할까?

요약

- ActivityStater를 이용한 구글 맵의 활용

창의성 문제

- 리스트에 3곳을 지정하고, 선택하여 지도를 보여주는 앱을 작성하자.

Chapter 29

공 굴리기

스마트폰 화면에서 손가락으로 공을 움직이면 공이 굴러간다.

학습내용

- Flung 블록을 활용하여 공굴리기
- EdgeReached 컴포넌트 활용하기

학습목표

이 앱을 마치면 다음을 할 수 있다.

- 스마트폰 화면의 공을 손가락이 움직인 방향으로 이동시킬 수 있다.
- 공이 화면 구석에 머물러 있지 않도록 움직이게 한다.

1. 새 프로젝트 "BallBounce" 만들기

앞서 1부 2장에서 설명한 대로 다음과 같이 프로젝트를
준비하자.

크롬 브라우저를 열고 http://appinventor.mit.edu에 접속하여
 를 선택한다.

안내를 따라 gmail의 ID와 패스워드로 로그인한다.

화면 중간 부분의 [Project]를 클릭하여 [Start new project...]를
선택한다.

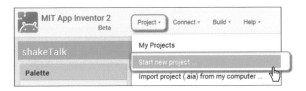

앱 프로젝트 이름에 "BallBounce"를 입력하고 [OK]를 선택하자.

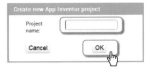

2. 디자이너[Designer]에서 컴포넌트[Component] 준비하기

1. 캔버스[Canvas] 추가하기

팔레트에서 [Drawing and Animation]을 클릭하고
[Canvas]를 마우스로 끌어다가 뷰어에 넣는다.

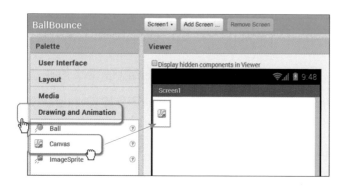

2. 스크린이 스크롤되지 않도록 설정 바꾸기

앱 인벤터에서는 기본 설정으로 앱의 화면이 스크롤된다.
이는 사용자 인터페이스가 무제한으로 계속해서 아래로
내려가는 것을 말한다. [Canvas]를 사용하려면 "Scrollable"
세팅을 비활성화시켜야 화면이 스크롤되지 않는다. 박스에 있는
체크(✓)를 해지하여 [Canvas]가 화면 전체에 꽉 차도록 하자.

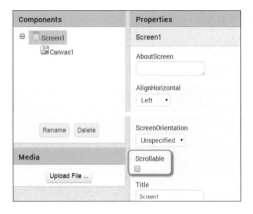

3. 캔버스(Canvas)의 높이와 너비 바꾸기

[Components]에서 [Canvas]를 선택한다. 반드시 [Canvas]가
선택되어 있어야 [Properties] 창이 나타나므로 선택되어 있는지
잘 확인하자. [Properties] 창 아래쪽의 [Height] 속성에서
[Fill parent]로 설정한다. [Width] 속성도 동일하게 만든다.

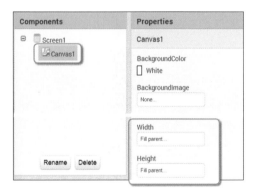

4. 공 추가하기

이제 캔버스 위에 공 스프라이트를 추가할 수 있다. 이 공은
[Drawing and Animation]에서 [Ball]을 마우스로 끌어 캔버스
위에다 옮긴다. 공을 더 잘 보이도록 하려면, [Properties]창의
[Radius]속성을 바꿔주면 된다.

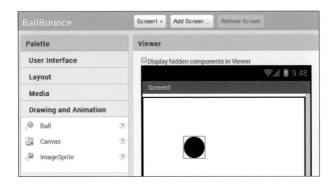

3. 블록[Blocks] 에디터에서 기능 설정하기

블록 에디터는 선택한 컴포넌트들이 어떤 동작을
할지 지정해 준다. 화면의 오른쪽 윗부분에 있는
[Blocks]을 누르면 블록 에디터 화면이 나온다.

1. 공을 튕겼을 때 움직이게 만들기

[Blocks]의 [Canvas1]에 포함된 [Ball1]을 마우스로 선택하면
뷰어에 다양한 블록들이 나온다. 이 중 네 번째에 보이는
[when {Ball1}.Flung]을 마우스로 꾹 누른 채 작업 영역으로 끌어
놓는다.

[Ball]을 다시 클릭한 후, 스크롤바를 아래로 내려서 초록색 설정
블록들 중 [set {Ball1}.{Heading} to]와 [set {Ball1}.{Speed} to]를
찾아 드래그한 후[when {Ball1}.Flung] 사이에 끼워 넣는다.

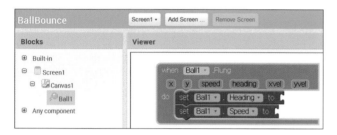

[set {Ball1}.{Heading} to]에서 "heading" 위에 마우스를
올려놓으면 [get {heading}]과 [set {heading}]변수가 나타난다.

이 중 [get{heading}]을 선택해서 [set {Ball1}.{Speed} to] 옆에
끼워 넣고, (speed)변수에서도 [get {speed}]를 선택해서
[set {Ball1}.{Heading} to] 옆에 끼워 넣는다.

이 상태로 테스트해 보면 공이 화면 끝에 멈춰서 더 이상
움직이지 않을 것이다. 공이 캔버스의 끝에 가 있을 때 공의
방향설정이 바뀌지 않았기 때문이다. 공이 스크린 끝으로 갔을
때 튕겨 나오도록 하려면 이벤트 블록인 [when Edge reached]를
추가해야 한다.

2. 공이 구석에 가면 방향 이동하도록 만들기

[Ball1]을 선택해서 [when {Ball1}.EdgeReached]를 마우스를
클릭한 상태로 작업영역에 끌어 놓는다.

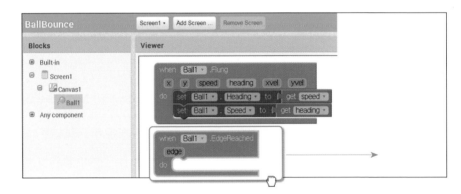

스크롤바를 내리면 보라색 블록들이 보인다.
[call {Ball1}.Bounce edge]를 마우스로 꾹 누른 채
[when {Ball1}.EdgeReached] 사이에 끼워 넣는다.

[Ball.Bounce] 블록은 edge 매개변수가 필요하다.
[when {Ball1}.EdgeReached]에 있는 edge 위에 마우스를 올리면

매개변수 두 종류가 나오는데, 그중
[get {edge}] 변수를 끌어다
[call {Ball1}.Bounce edge] 옆에 끼운다.

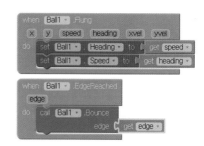

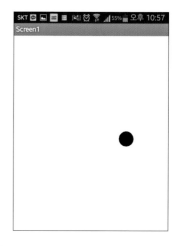

4. 스마트폰으로 테스트하기

앱을 만들 때마다 중간에 테스트해 보는
것이 좋다. 앱 인벤터는 스마트폰과 앱
인벤터 개발환경을 실시간으로 연결해
주기 때문에 바로 쉽게 테스트를 할 수
있다. 만약 스마트폰이 연결되어 있지
않다면 이 책의 1부 4장 "앱 인벤터 테스트
준비하기"를 다시 읽고 나서 연결시킨 후
다음 단계들을 진행하자.

퀴즈
- 손가락으로 공을 밀었을 때, 공이 굴러가도록 하는 블록의 이름은 무엇인가?
- 공이 화면 구석에 도달했을 때 튕기도록 하는 블록 이름은 무엇인가?
- 앱을 작성하는 두 단계를 설명해 보자.

요약
- Flung 이벤트 핸들러를 사용하여 손가락으로 튕겼을 때 움직이는 공 만들기
- EdgeReached 이벤트 핸들러를 사용하여 공이 벽에 부딪쳤을 때 튕겨 나오게 하기

창의성 문제
- 공이 골인 지점에 도달했을 때 새 게임이 시작되는 앱을 만들어보자.

[Control]에서 [if else]문을
사용해 보자

두더지 잡기

두더지 게임은 두더지가 스크린에 일정한 시간간격으로 임의의
위치에 나타나게 하는 앱이다. 두더지가 사라지기 전에 두더지를
때려 점수를 올리는 게임이다. 두더지를 터치하면 터치 횟수를
스크린 아래쪽에 표시한다. Reset 버튼을 누르면 Score가 0이
된다.

학습 내용

• 두더지가 캔버스에 1초 간격으로 무작위로 선별된 위치에 나타나게
  한다.
• 두더지를 터치하면 Score 수가 증가하도록 한다.
• Reset 버튼을 터치하면 Score 수를 초기화한다.

학습 목표

이 앱을 마치면 다음을 할 수 있다.

• Random 함수를 사용할 수 있다.
• 변수를 지정하고 사용할 수 있다.
• Label을 사용하여 숫자를 표시할 수 있다.

1. 새 프로젝트 "Mole" 만들기

앞서 1부 2장에서 설명한 대로 다음과 같이 프로젝트를
준비하자.

크롬 브라우저를 열고 http://appinventor.mit.edu에 접속하여
Create 를 선택한다.

안내를 따라 gmail의 ID와 패스워드로 로그인한다.

화면 중간 부분의 [Project]를 클릭하여 [Start new project...]를
선택한다.

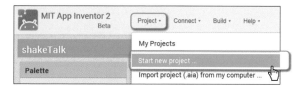

앱 프로젝트 이름에 "Mole"을 입력하고 [OK]를 선택하자.

2. 디자이너[Designer]에서 컴포넌트[Component] 준비하기

1. 필요한 이미지 불러오기

두더지 잡기 게임을 만들기 위해 두더지와 배경 이미지가 필요하다. 필요한 이미지는 다음의 사이트에서 다운로드하여 사용한다.

- 배경 이미지(http://cafe.naver.com/appinv/59)
- 두더지mole.png(http://cafe.naver.com/appinv/59)

[Component] 아래의 [Media]에 있는 [Upload File..]을 클릭하면 파일을 선택할 수 있는 창이 나타난다. [파일선택]을 클릭하여 원하는 파일을 선택한다.

파일을 업로드하면 [Media]난에 업로드 한 파일 이름이 나타난다.

2. Canvas 추가하기

[Palette] 〉 [Drawing and Animation] 〉 [Canvas]

[Canvas]를 마우스로 누르고 끌어서 오른쪽의 [Viewer] 〉 [Screen1]에 놓는다.

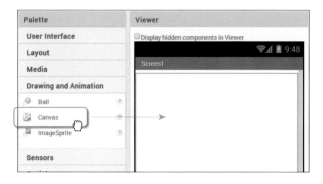

[Canvas]의 크기는 [Width]는 [Fill parent]로 하고
[Height]는 300픽셀로 지정한다. [Height]를 조정하여
크기를 화면에 꽉 차게 만든다.

배경은 [Components]에서 [Canvas1]을 클릭하고
[Properties]의 [BackgroundImage]를 클릭한 다음 원하는
이미지를 선택한다. 미리 저장해 놓은 이미지가 없으면
[Upload File]을 클릭하여 선택할 수 있다.

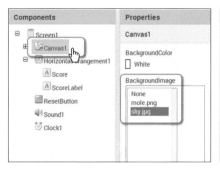

3. ImageSprite 추가하기

[Palette] 〉 [Drawing and Animation]에서 [ImageSprite]를
선택하여 [Viewer]에 끌어 놓는다.

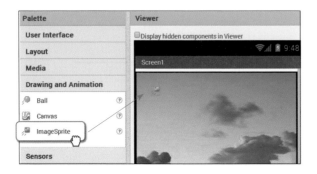

사용할 이미지는 [Component]에서 [Canvas1] 아래에 있는
[ImageSprite1]을 클릭하고, [Properties]의 [Picture]를 클릭한
다음 원하는 이미지를 클릭하여 선택한다. 미리 저장해 놓은
이미지가 없으면 [Upload File]을 클릭하여 선택할 수 있다.
[Rename]을 클릭하여 [ImageSprite1]의 이름을 'Mole'로
변경한다.

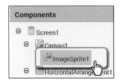
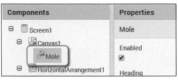

4. [Sound]와 [Clock] 추가하기

[Palette] 〉 [Media]에서 [Sound]를
선택하여 [Viewer]에 끌어 놓는다.

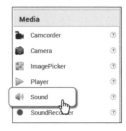

그리고 [Palette] 〉 [Sensors]에서 [Clock]을 선택하여 [Viewer]에 끌어다 놓는다. 컴포넌트의 [Properties]에서 시간 간격 블록[TimeInterval]을 1000으로 지정한다. 시간의 단위가 밀리초이므로 1000은 1초라는 의미이다.

 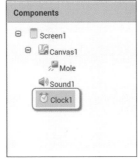 

[Sound]와 [Clock]을 [Viewer]에 끌어다 놓으면 [Viewer] 아래쪽에 컴포넌트가 표시된다.

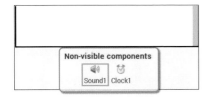

3. 블록[Blocks] 에디터에서 기능 설정하기

버튼을 누르면 음성인식이 시작되고, 인식된 결과를 화면에 글씨로 출력하는 블록들의 기능을 설정하자. 먼저 화면 오른쪽의 [Blocks]을 선택하여 블록기능 설정 화면으로 옮기자.

1. 두더지(Mole)를 일정한 위치에 나타내기

[Blocks]에서 [Clock]을 선택하여 [when {Clock1}.Click]을 끌어
[Viewer]에 넣는다.

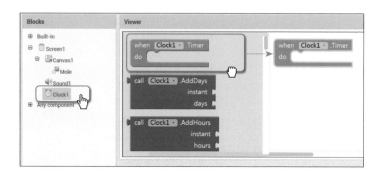

[Blocks]에서 [Canvas1]의 [Mole]을 클릭한 다음
[call {Mole}.MoveTo]을 끌어가 [when {Clock1}.Click]에 끼워 넣는다.

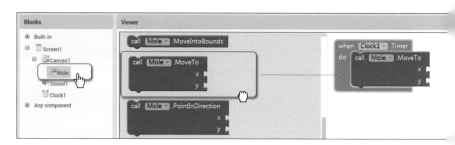

두더지의 위치를 지정하려면 [Blocks]에서 [Built-in]을 선택하여
[Math]를 선택한 뒤, 숫자 블록을 선택하여 [call {Mole}.MoveTo]에
끼워 넣는다.

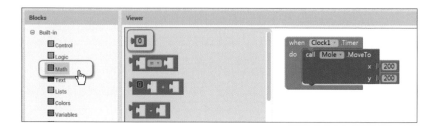

2. 두더지(Mole)를 무작위 위치에 나타내기

두더지의 위치를 아무 곳에나 나타나게 하려면 [Blocks]에서
[Built-in]을 선택하고 [Math]에서 [random integer from {(1) to (100)}]을
선택하여 x와 y에 끼워 넣는다. random은 무작위로 숫자를 나타내는
것으로, 범위를 지정해 줄 수 있다. 이렇게 작성하여 에뮬레이터를
실행시켜 보면 x축으로 1에서 100까지 y축으로 1에서 100까지 1초에 한
번씩 무작위로 나타난다.

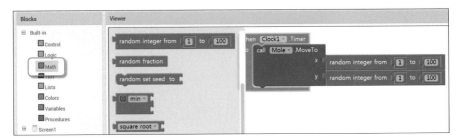

화면 전체에 무작위로 나타나게 하려면 x축은 1에서 width까지 y축은
height까지 설정해 주면 된다.

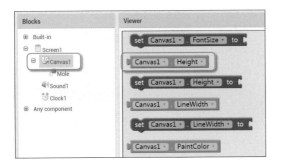

숫자 100을 지우고 x에 [Canvas1.width]와 y에 [Canvas1.Height]를
연결한다.

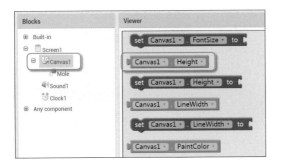

이제 다시 앱을 실행해 보면 두더지가 화면에 무작위로 나타날 것이다.

3. 두더지를 터치하면 폰을 진동시키기

[Blocks]에서 [Canvas1]을 선택하여 [Mole]을 클릭한 다음
[when {Mole}.Touched]를 [Viewer]에 끌어 놓는다.

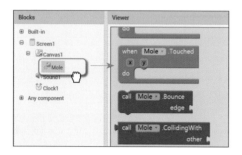

[Blocks]에서 [Sound]를 클릭한 다음 [call {Sound1}.Vibrate]를 [when
{Mole}.Touched]에 끼워 넣고 millisecs에 [Math]에서 숫자를 끌어와
500을 입력한다. 이렇게 하면 두더지를 터치했을 때 0.5초간 진동이
발생한다.

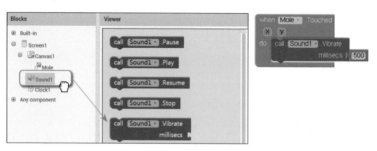

4. 두더지를 터치하면 Score에 숫자 나타내기

[Designer]로 돌아와서 [Palette] 〉 [Layout]에서
[HorizontalArrangement]를 선택하여 [Viewer] 아래쪽에
끌어다 놓는다. [Label] 두 개와 [Button]을 추가하자. [Label1]과
[Label2]는 [HorizontalArrangement]를 끌어 왔을 때 생긴 사각형 안에
나란히 옮기면 된다.

[Label1]의 [Components] 이름과 [Properties]에서의 [Text] 상자
모두 [Scroe]로 변경한다. [Label2]의 이름은 [ScoreLabel]로 변경하고
[Text] 상자에 0을 입력한다. [Button1]은 [ResetButton]으로 이름을
변경하고 [Text] 상자에 Reset을 입력한다. 추가한 세 가지 User
Interface들의 색상도 자유롭게 바꿔보자.

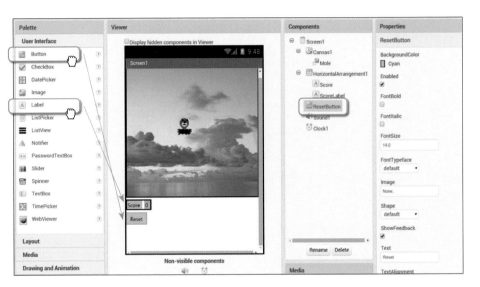

다시 [Blocks]을 클릭하여 [Blocks]에서 [ScoreLabel]을
클릭한 다음 [set {ScoreLabel}.{Text} to]를 [when {Mole}.
Touched]에 끼워 넣고 millisecs에 [Math]에서 숫자를 끌어와 "1"을
입력한다. 이렇게 해서 두더지를 터치하면 숫자 "1"이 나타난다.

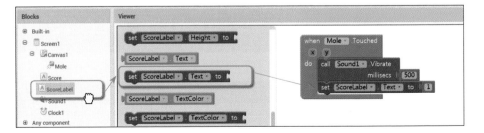

5. 두더지를 터치하면 Score에 숫자 증가시키기

두더지를 터치했을 때 숫자 1이 나타나는지 확인하였다면
Score가 증가되게 만들어보자. [set {ScoreLabel}.{Text} to]에
있는 숫자 1을 지우고 [Blocks]에서 [Built-in]을 클릭한 다음
[Math]에서 숫자를 더하는 블록을 선택한다.

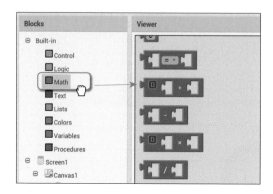

두더지를 터치할 경우 숫자가 1씩 증가되게 만들기 위해서
다음 그림과 같이 블록을 수정한다.

두더지를 터치할 때마다 숫자가 1씩 증가하는지 확인해 보자.

6. Reset 버튼 설정하기

[ResetButton] 버튼을 클릭하면 [ScoreLabel] 숫자가 0이 되게
만들자. 먼저 [Blocks]에서 [ResetButton]을 클릭한 다음
[when {Reset Button}.Click]을 선택하여 [Viewer]에 끌어온다.

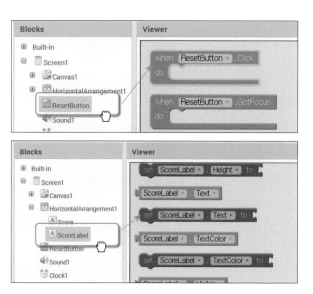

아래 블록과 같이 만든다. Reset 버튼을 누르면 숫자가 0이 된다.

4. 더 알아보기

1. 프로시저(Procedure) 만들기

프로그램을 하면 같은 내용을 여러 번 사용하는 경우가 있다.
[Procedures]를 사용하면 프로시저를 한 번 만들어 놓고 필요한
경우 불러서 사용할 수 있다. 이번 예제에서는 [Timer]에 있는
[Move to]를 프로시저로 만들어보자.

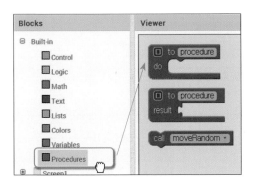

프로시저의 {procedure}를 {moveRandom}으로 변경한다.

그리고 [call {Mole}.MoveTo]를 끌어와 끼운다.
그러면 이 프로시저는 반복해서 사용할 수 있다.

2. 프로시저 사용하기

방금 만든 프로시저를 사용하려면 [Blocks]의 [Procedures]에서
[call {moveRandom}]을 선택한다.

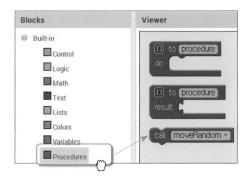

[when {Clock1}.Timer]에 만들어 둔 [call {moveRandom}]
프로시저를 끼운다. 이 프로시저는 다른 블록에도 끼워서 사용할
수 있다.

전체 블록은 다음과 같다.

```
when Mole . Touched
 x   y
do  call Sound1 . Vibrate
              millisecs 500
    set ScoreLabel . Text to   ScoreLabel . Text + 1

when Screen1 . Initialize
do  call moveRandom

when Clock1 . Timer
do  call moveRandom

when ResetButton . Click
do  set ScoreLabel . Text to 0

to moveRandom
do  call Mole . MoveTo
        x  random integer from 1 to Canvas1 . Width
        y  random integer from 1 to Canvas1 . Height
```

5. 스마트폰으로 테스트하기

- 스마트폰에 [MIT AI2 Companion]
  앱스토어에서 다운받고 설치한다.
- 스마트폰에서 앱을 실행하려면, 앱
  인벤터의 [Connect] 메뉴에서
  [AI Companion]을 선택한다.
- 컴퓨터의 윈도우 창에 QR 코드가 화면에
  나온다.
- 스마트폰에서 [MIT AI2 Companion]
  앱을 실행한다(이때 반드시 스마트폰이
  컴퓨터가 연결된 기기와 동일한 무선
  공유기의 와이파이로 연결되어 있어야 한다).

- [Scan QR Code]를 선택한다.
- 폰 카메라를 화면의 QR 코드를 향해 대고 천천히 움직이면, QR 코드가 찍히며 잠시 화면이 정지되고 앱이 내 폰에서 실행된다.

앱 인벤터에서 수정을 하면 폰에도 앱이 수정되어 실행이 된다. Network Error가 나오면 스마트폰의 와이파이가 꺼져 있거나, 컴퓨터와 폰이 동일한 무선공유기를 사용하지 않는 경우이다.

퀴즈
- 진동을 만드는 블록의 이름은 무엇인가?
- 숫자를 무작위로 만드는 블록의 이름은 무엇인가?
- 숫자를 1씩 증가시키려면 어떤 블록을 사용해야 할까?
- 프로시저를 만들면 어떤 장점이 있을까?

요약
- 무작위 숫자 사용하기
- 무작위 숫자 범위 지정하기
- 무작위로 위치 나타내기

창의성 문제
- 숫자를 1씩 증가시키는 블록을 사용하여 Score가 5가 되었을 때 'YOU WIN'이라는 글자가 나타나게 만들어 보자.

미니 골프

간단한 공굴리기 앱을 응용하여 미니 골프게임을 만들어 보자.

학습내용

- 타이머 Timer의 활용
- Flung 컴포넌트, Timer 컴포넌트, CollidedWith 블록 사용방법 익히기

학습목표

이 앱을 마치면 다음을 할 수 있다.

- 공의 속도를 점점 줄일 수 있다.
- 공의 이동 횟수와 게임 단계를 기록할 수 있다.
- 공의 시작지점을 옮길 수 있다.
- 게임을 초기화시킬 수 있다.
- 장애물의 위치를 무작위로 배치할 수 있다.

1. 새 프로젝트 "GolfBall" 만들기

앞서 1부 2장에서 설명한 대로 다음과 같이 프로젝트를
준비하자.

크롬 브라우저를 열고 http://appinventor.mit.edu에 접속하여
Create 를 선택한다.

안내를 따라 gmail의 ID와 패스워드로 로그인한다.

화면 중간 부분의 [Project]를 클릭하여 [Start new project...]를
선택한다.

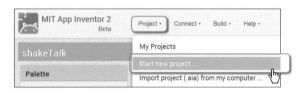

앱 프로젝트 이름에 "GolfBall"을 입력하고 [OK]를 선택하자.

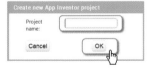

2. 디자이너[Designer]에서 컴포넌트[Component] 준비하기

1. 캔버스 추가하기

[Palette]에서 [Drawing and Animation]을 선택하고
[Canvas]를 마우스로 끌어다가 [Viewer]의 공간에 넣는다. 우측
속성에서 [Canvas]의 [Height]는 300pixels, [Width]는 FillParent,
[BackgroundColor]는 Green으로 설정한다.

2. 공 추가하기

캔버스 위에 공 스프라이트를 하나 추가하자.
[Drawing and Animation]에서 [Ball]을 마우스로 끌어다 캔버스
위에다 옮기면 된다. [Components]에서 Ball1을 선택한 후
[Rename]을 클릭하여 GolfBall이라고 새로 이름을 입력한다.
또 다른 공을 추가하여 이번에는 "Hole"이라는 이름으로 바꾼다.
"Hole"은 [GolfBall]의 골인지점이 된다.

[GolfBall]은 [Properties]창에서 [Radius]=10,
[Color]=White, [Speed]=0, [Interval]=1(ms),
[Z]=2로 설정한다. Hole은 [Properties]창에서
[Radius]=15, [Color]=Black, [Speed]=0으로 설정한다.

3. [Clock] 추가하기

[Clock]은 sprite Image의 움직임을 제어할 수 있다. [Palette]의
[Sensors]에서 [Clock]을 마우스로 끌어다 캔버스 위에 옮긴다.
[Properties] 창에서 TimerAlwaysFries와 TimeEnabled에
체크하고, Timeinterval은 100으로 설정한다.

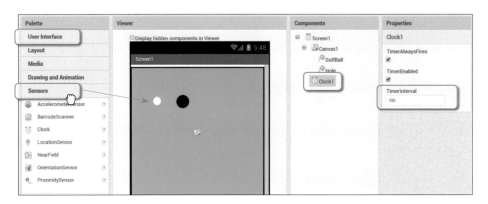

3. 블록[Blocks] 에디터에서 기능 설정하기

1. 손가락으로 골프공을 굴렸을 때 공이 움직이도록 만들기

[Blocks]을 클릭한다. [GolfBall]을 선택한 후,
[Viewer]에 나오는 동작들 중 네 번째에 보이는
[when {GolfBall}.Flung]을 마우스로 꾹 누른 채
오른쪽 빈칸으로 옮기자.

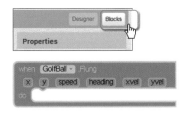

- [when {GolfBall}.Flung] 이벤트 핸들러는 6가지 변수를 제어할 수 있다.
- x: Canvas 위에 사용자 손가락이 그리는 x위치를 나타낸다.
- y: Canvas 위에 사용자 손가락이 그리는 y위치를 나타낸다.
- speed: 사용자의 공 굴리는 동작의 속도를 나타낸다.
- heading: 사용자의 공 굴리는 동작의 방향을 나타낸다.
- xval: 사용자 손가락이 그리는 x방향의 속도를 나타낸다.
- yval: 사용자 손가락이 그리는 y방향의 속도를 나타낸다.

GolfBall을 다시 클릭한 후, 스크롤바를 아래로 내려서 초록색
설정 블록들 중 [set {GolfBall}.{Heading} to]와
[set {GolfBall}.{Speed} to]를 선택해서 [when {GolfBall}.Flung]
사이에 끼워 넣는다. [set {GolfBall}.{Heading} to]에서 (heading)
위에 마우스를 올려놓으면 [get {heading}]과 [set {heading}]
변수가 나타난다.

이 중 [get {heading}]을 선택해서 [set {GolfBall}.{Speed} to] 옆에
끼워 넣고, (speed) 변수에서도 [get {speed}]를 선택해서
[set {GolfBall}.{Heading} to] 옆에 끼워 넣는다.

이 상태로 실행하면 공이 생각보다 천천히 움직인다고 느껴질
것이다. 공이 굴러가는 속도를 좀 더 빠르게 하기 위해서는 수식
블록에서 원하는 대로 바꿔주면 된다. [Math]를 클릭하면 다양한
수식들이 나온다. 그중에서 숫자입력 블록과 곱하기(×) 수식
블록을 마우스로 끌어다가 캔버스 위에 옮긴다.

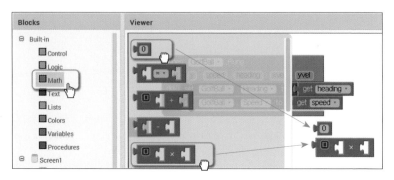

속도를 올리기 위해서 아래 그림과 같이
`set {GolfBall}.{Speed} to`를 수정해 보자.

2. [Clock] 블록 만들기

사용자 타이머는 공이 하루 종일 굴러다니지 않도록 속도를
늦춰 준다. 만약 타이머를 설정해 두지 않은 상태에서 공이 한
번 구르기 시작하면 멈추지 않고 계속해서 화면을 돌아다닌다.
타이머가 작동될 때마다 공의 속도를 조금씩 줄여주기 위해서
Clock1을 클릭한다. [when {Clock1}.Timer do] 블록을 마우스로
끌어다 캔버스 위에 옮긴다.

[when {Clock1}.Timer]
블록은 시간을
설정하면 시간에 따라
동작을 반복한다.

[Control]을 클릭하여 [if then] 블록을 [when {Clock1}.Timer]
사이에 끼워 넣는다. 왼쪽 모퉁이에 있는 파란색 네모 상자를
클릭하면 두 가지 조건이 나오는데 [else]를 마우스로 끌어 [if]
사이에 끼워 넣는다. 그러면 [if then else] 블록이 만들어진다.

[Math]를 클릭하여 (=) 수식이 있는 블록을 끌어다 캔버스 위에
옮긴다.

다시 GolfBall을 클릭하여 [{GolfBall}.{Speed}]를 마우스로 끌어다 캔버스 위에 옮긴다. 아래 블록과 같이 [when {Clock1}.Timer do] 블록을 만들어 보자.

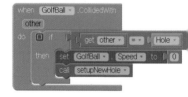

3. 새로운 프로시저 SetupNewHole 만들기

이 단계에서는 골프공이 Hole에 들어갔을 때 공을 처음의 위치로 옮겨 주도록 한다. 이번에 사용할 [call {Hole}.MoveTo] 블록은 Hole을 무작위로 새로운 위치에 옮겨주는 역할을 한다. 이렇게 해서 골프공이 Hole에 들어가면 새로운 게임을 계속해서 할 수 있다.

4. Hole 프로시저 만들기

다음 블록은 골프공이 Hole에 들어갔을 때, 골프공이 정지하고 새로운 게임을 실행하도록 설정하는 것이다.

GolfBall.CollideWith를 끌어 사용할 때는 매개변수 "other"가 나타난다. if then 블록에서 golf ball(other)이 구멍(Hole)과 충돌하는지 알아보는데, 이때 [Hole]은 text 블록을 사용하면 안 되고 컴포넌트 [Hole] 블록을 사용해야 한다. [Hole] 블록을 사용하지 않으면 Hole의 이미지를 찾지 못한다.

5. 공이 구석에서 튕기도록 만들기

만약 골프공이 계속해서 구석에 있다면 GolfBall의
[when {GolfBall}.EdgeReached do] 블록을 이용해서 해결할 수
있다.

이 블록은 GolfBall이 가장자리에 도달했을 때 GolfBall을
Bounce(튕기도록)하는 블록이다.

4. 점수 매기기

1. 디자이너[Designer]에서 컴포넌트[Component] 준비하기

[HorizontalArrangement] 추가하기

[Paletted]의 [Layout]을 선택해서 [HorizontalArrangement]를
마우스로 끌어다가 [Viewer] 화면 상단에 넣는다. 이곳에서
점수와 이동 횟수를 기록해 줄 것이다.

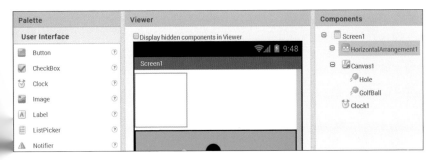

2. [Label] 추가하기

[Paletted]의 [User Interface]에 있는 [Label] 두 개를 마우스로
끌어다가 [HorizontalArrangement] 안에 넣는다.

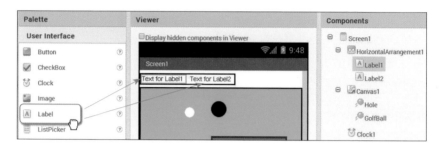

3. 컴포넌트 이름 바꾸기

각 [Label1]과 [Label2]에 "LabelScore"와 "LableStroke"라는
새 이름으로 바꾼다.

"LableScore" 게임 전체에 이동한 횟수를 표시한다.
"LableStroke"는 새로 시작한 게임에서 이동한 횟수를 표시한다.

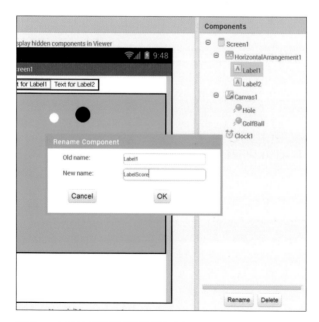

4. 블록[Blocks] 에디터에서 기능 설정

점수와 이동 횟수 프로그램 만들기

먼저, 두 개의 전역변수 블록을 마우스로 끌어다 캔버스 위에
옮긴다. 각각 {Score}와 {StrokeCount}로 설정하고 처음 값은
'0'으로 지정한다.

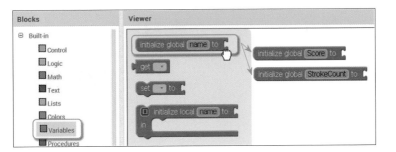

각 값이 '0'인 Score전역변수와
StrokeCourt 전역변수를 생성하였다.

공굴리기 블록에 다음과 같이 블록들을 추가한다.

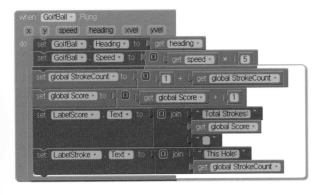

그 다음, Hole프로그램에 아래 그림과 같이 블록을 추가한다.

중간 테스트를 해 보자. 스마트폰 화면 위에 "Total Stroke"와 "This Hole"이 나타날 것이다. 게임을 실행하면 화면에 점수의 값이 증가할 것이다.

5. TouchUp과 TouchDown 이벤트를 이용하여 공을 티 위에 위치시키기

이제 골프에 이용되는 티(Tee)를 게임에 추가하여 세 장소 중 원하는 곳에서 골프를 칠 수 있다.

1. 디자이너[Designer]에서 컴포넌트[Components] 준비하기

[Palettes]의 [Drawing and Animation]에 있는 [ImageSprite]를 세 번 마우스로 끌어다 [HorizontalArrangement] 안에 넣는다. 각 [ImageSprite] 이름을 다음 표와 같이 바꾼다.

기존 이름	새 이름	역할	이미지
ImageSprite1	Tee	1타를 치기 전에 사용자가 공의 위치를 정할 수 있는 네모 상자	http://goo.gl/52E5tX
ImageSprite2	LeftSprite	사용자가 공을 왼쪽 티(Tee)에 옮기기 위해 누르는 화살표	http://goo.gl/R5Lsbt
ImageSprite3	RightSprite	사용자가 공을 오른쪽 티(Tee)에 옮기기 위해 누르는 화살표	http://goo.gl/dW9fT0

각 ImageSprite의 이미지를 컴퓨터에 저장한다. 저장을 완료한 후 차례로 해당되는 이미지를 업로드한다. 업로드를 하기 위해서는 [Componets]의 [Tee]를 선택한 후 [Picture] 아래 상자를

클릭한다. 상자가 커지면 Upload File을 클릭한 후 이미지를
찾아서 사용한다.

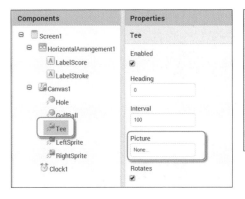

LeftSprite와 RightSprite도 동일하게 이미지를 설정해 준다.

2. 블록[Blocks] 에디터에서 기능 설정

캔버스 사이즈, 공과 이미지 스프라이트 위치 선정 프로그램 만들기

prepareScreen 프로시저를 만든다. 프로시저 안에 캔버스의
[Heigh]와 [Width]를 스마트폰 스크린 화면에 맞춘 후, 각
[Tee], [LeftSprite], [RightSprite] 스프라이트를 캔버스의 높이와
너비의 폭의 범위 안에 위치시킨다. 다음 단계로 넘어가기 전에
아래 프로시저를 충분히 이해한 후 진행하자.

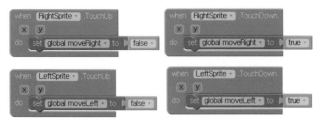

**화살표로 되어 있는 TouchUp과 TouchDown을 이용하여 티(Tee) 위에
공을 올려놓기**

먼저, 눌렀을 때 스위치 역할을 하는 두 개의
전역변수를 생성한다.

오른쪽과 왼쪽 화살표의 동작을 블록으로 만든다.

오른쪽과 왼쪽 화살표의 TouchUp과 TouchDown 이벤트는
두 전역변수가 스프라이트가 눌러졌는가, 아닌가에 따라
true/false에 반응하면서 켜졌다 꺼진다. 실제 공의 움직임은
[Clock1.Timer] 이벤트에 따른다.

MoveBallOnTee 프로시저 만들기

MoveBallOnTee 프로시저를 만든다. 이는 전역변수에 따라
골프공을 오른쪽이나 왼쪽으로 이동시킨다. 블록들이 복잡해
보이지만 자세히 들여다보면 쉽게 이해할 수 있다. 공이
왼쪽으로 움직일 때, Tee의 왼쪽 가장자리에서 2 pixel 이상
넘어가지 않고, 공이 오른쪽으로 움직일 때, 골프공이 오른쪽
가장자리에서 2 pixel 이상 넘어가지 않도록 하면 된다. 즉 티에서
공이 가장자리로부터 너무 많이 벗어나지 않게 만드는 것이다.

MoveBallOnCourse 프로시저 만들기

이전에 사용했던 [when {Clock1}.Timer do] 이벤트는
[to {moveBallOnCourse} do] 프로시저로 대체한다.

각 새로운 코스마다 사용자가 게임을 시작하기 전에 공의
위치를 정하려면 새로운 코스가 나오고 공을 건드리지 않았는지
확인해야 한다. 만약 StrokeCount =0이면 공이 한 번도 움직이지
않은 새 게임이라는 것을 알 수 있다.

블록이 완성되었으면 테스트해 보자. 화살표를 누를 때 공이
좌우로 움직일 것이다.

6. 실행한 게임 횟수 기록, "새로 시작하기" 기능 추가하기

지금까지 게임은 잘 작동되지만 게임을 새로 시작하고 싶을 때는
어떻게 해야 할까? 다른 사용자가 게임을 할 때, 게임 방법을
알려줄 "도움말"이 있는 것은 어떨까? 그리고 지금까지 몇
단계까지 성공했는지도 나타내 보자.

1. 디자이너[Designer]에서 컴포넌트[Components] 준비하기

• [Palettes]의 [Layout]에 있는 [Horizontal Arrangement]를
마우스로 끌어 스크린 하단에 놓는다.

- [Palettes]의 [User Interface]에 있는 [Button]을 마우스로 끌어다가 Horizontal Arrangement 속에 넣는다. 이 버튼은 게임을 새로 시작할 때 사용할 것이다. 이름을 ButtonNewGame으로 바꾸고 [Properties]의 [Text] 상자에 "New Game"을 입력한다.
- [Palettes]의 [User Interface]에 있는 [Label]을 마우스로 끌어다가 Horizontal Arrangement 속에 넣는다. 현재 게임의 단계를 나타내며 한 번 성공할 때마다 1씩 증가한다. 이름을 LabelHoleNum으로 바꾸고 [Properties]의 [Text] 상자에 "Hole #1"을 입력한다. [Font]는 FontBold, FontSize=28, TextColor=blue로 설정한다.
- [Palettes]의 [User Interface]에 있는 [Label]을 마우스로 끌어다 Horizontal Arrangement 밑에 놓는다. 게임 방법을 설명해 준다. 이름을 "LabelInstruct"로 바꾸고 [Properties]의 [Text] 상자에 "Use arrows to position ball on tee. Hit the ball by flinging it with your finger."를 입력한다.

2. 블록[Blocks] 에디터에서 기능 설정하기

게임 횟수, 이동 횟수 기록하기

게임 단계를 기록할 HoleCount 전역변수를 생성한다. 아래와 같이 setupNewHole 프로시저를 추가한다.

"새 게임" 만들기(게임 초기화시키기)

"New Game"버튼 프로그램 만드는 것은 간단하다.
"New Game"버튼을 눌렀을 때, 새 게임을 실행하고 총 이동
횟수와 현재 이동 횟수를 0으로 초기화시키면 된다. 그리고 게임
단계를 다시 1로 바꿔야 하는데, LabelHoleNum인 "Hole #1"을
나타내 주면 된다.

```
when ButtonNewGame . Click
do  set GolfBall . Speed . to   0
    set global Score . to   0
    set LableScore . Text . to   ☐ join   " Total Strokes "
                                            get global Score .
    set global StrokeCount . to   0
    set LabelStroke . Text . to   ☐ join   " This Hole "
                                            get global StrokeCount .
    set global HoleCount . to   0
    call setupNewHole
    call prepareScreen
```

7. 장애물 만들기

1. 디자이너[Designer]에서 컴포넌트 준비하기

골프공과 Hole 사이에 장애물로써 게임의 난이도를 높여주자.
[Palettes]의 [Drawing and Animation]에 있는 [ImageSprite]를
마우스로 끌어 [Canvas] 안에 넣는다. 이름을 ObstacleSprite1으로
바꾸고 "http://goo.gl/WZloe6"에 있는 이미지를 컴퓨터에 저장한
후 ObstacleSprite1의 이미지로 업로드해 준다.

2. 블록[Blocks] 에디터에서 동작 설정

먼저, 공이 장애물에 부딪쳤을 때의 동작을 설정한다.

[Heading = 0 − heading]은 공
이 수평선상의 경계선에 부딪혔
을 때 동작한다. 수직 경계선에서
는 동작하지 않는다.

새로운 게임을 시작할 때마다 장애물의 위치를 무작위로
배치하려면 [setupNewHole] 프로시저에 다음과 같은 블록을
추가하면 된다.

8. 스마트폰으로 테스트하기

- 스마트폰에 [MIT AI2 Companion] 앱스토어에서 다운받고
  설치한다.
- 스마트폰에서 앱을 실행하려면, 앱 인벤터의 [Connect]
  메뉴에서 [AI Companion]을 선택한다.
- 컴퓨터의 윈도우 창에 QR 코드가 화면에 나온다.

- 스마트폰에서 [MIT AI2 Companion] 앱을 실행한다. (이때 반드시 스마트폰이 컴퓨터가 연결된 기기와 동일한 무선 공유기의 와이파이로 연결되어 있어야 한다.)
- [Scan QR Code]를 선택한다.
- 폰 카메라를 화면의 QR 코드를 향해 대고 천천히 움직이면, QR 코드가 찍히며 잠시 화면이 정지되고 앱이 내 폰에서 실행된다.

앱 인벤터에서 수정을 하면 폰에도 앱이 수정되어 실행이 된다. Network Error가 나오면 스마트폰의 와이파이가 꺼져 있거나, 컴퓨터와 폰이 동일한 무선공유기를 사용하지 않는 경우이다.

퀴즈
- 공의 속도를 점점 천천히 늦추는 방법은 무엇일까?
- 공의 시작점을 지정하는 방법은 무엇일까?
- 새 게임을 시작하는 방법은 무엇일까?

요약
- 타이머[Timer]의 활용
- Flung 컴포넌트, Timer 컴포넌트, CollidedWith 블록 사용방법

창의성 문제
- 공이 장애물과 부딪쳤을 때 약간의 오류가 발생한다. 공이 장애물과 부딪쳤을 때 튕겨 나가도록 수정해 보자.
- 한 게임당 굴릴 수 있는 횟수를 제한해 보자. 일반 골프 게임에는 18개의 구멍들이 있다.

인물 퀴즈

각 문제에 인물 사진과 짧은 문장을 제시한 뒤 사용자가 답을
입력하고 "Answer" 버튼을 클릭하면 정답을 확인하는 앱을
만들어 보자.

학습내용

- List 작성과 무작위 추첨
- 비교하여 일치하는지 확인하기
- 원래 있던 내용을 새로운 내용으로 화면 채우기
- Index를 사용하여 원하는 내용 불러오기

학습목표

이 앱을 마치면 다음을 할 수 있다.

- 질문에 해당하는 사진을 함께 출력할 수 있다.
- Next 버튼을 누르면 다음 질문과 사진이 나오도록 할 수 있다.
- Answer 버튼을 누르면 입력한 답이 맞는지 확인할 수 있다.

1. 새 프로젝트 "Quiz" 만들기

앞서 1부 2장에서 설명한 대로 다음과 같이 프로젝트를
준비하자.

크롬 브라우저를 열고 http://appinventor.mit.edu에 접속하여
Create 를 선택한다.

안내를 따라 gmail의 ID와 패스워드로 로그인한다.

화면 중간 부분의 [Project]를 클릭하여 [Start new project...]를
선택한다.

앱 프로젝트 이름에 "Quiz"를 입력하고 [OK]를 선택하자.

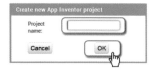

2. 디자이너[Designer]에서 컴포넌트[Component] 준비하기

1. 이미지 컴포넌트 추가

이미지 컴포넌트를 마우스로 끌어서 [Viewer]에 올리면 인물 퀴즈의 사진을 나타낼 것이다. QuestionImage로 이름을 바꾸고 컴포넌트의 역할을 한 눈에 알아보기 쉽게 작명하는 것을 잊지 말자.

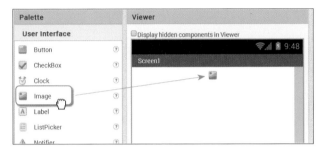

QuestionImage의 속성에서 [Picture] 〉 [Upload] [File] 〉 [파일선택]에서 King_Sejong.jpg 파일을 업로드한다.

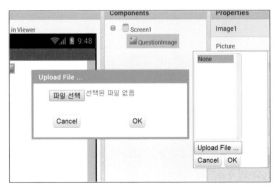

사진이 필요하다면 http://cafe.naver.com/appinvent/136에서 다운받자.

Media에서 [Upload File]을 클릭한 후 퀴즈에 사용할 사진을 모두
업로드 한다. 그리고 사진들의 속성 [Width]와 [Height] 모두
[Fill Parent]로 바꿔준다

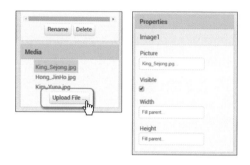

2. [Label] 컴포넌트 추가

[Label] 컴포넌트를 마우스로 끌어서 [Viewer]에 올리자.
인물 퀴즈의 질문을 나타낼 것이다. "QuestionLabel"로 이름을
바꾸자.

[Components] 〉 [Screen1]을
클릭한 후, 속성의 AlignHorizontal
Center로 바꿔주면 가운데
정렬이 된다.

QuestionLabel의 속성 중 [Text]에 임시로
"Question1"이라고 입력해 둔다. 이 앱은
질문마다 스크린을 만드는 것이 아니라
하나의 스크린으로 사진과 질문이
바뀌도록 프로그램할 것이다. 즉 퀴즈를
진행할 때 하나의 스크린으로 정보만
바꾸는 것이다.

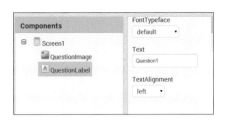

3. [Button] 컴포넌트 추가

[Button] 컴포넌트를 마우스로 끌어서
[Label] 아래에 배치한다. Next 버튼으로
이용할 것이다. 다른 컴포넌트들과
마찬가지로 "NextButton"으로 이름을
바꿔주자. 속성의 [Text]에 "Next"를
입력한다.

[Button] 컴포넌트를 하나 더 [Label]
아래에 배치한다. 정답 확인 버튼으로
사용할 것이다. "AnswerButton"으로
이름을 바꿔주자. 속성의 [Text]에
"Answer"를 입력한다.

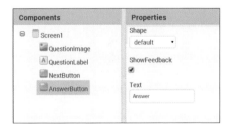

4. [HorizontalArrangement] 컴포넌트 추가

[Layout]을 선택하여 [HorizontalArrangement]를
끌어 [QuestionLable] 아래에 놓고 [NextButton]과
[AnswerButton]을 [HorizontalArrangement]
안에 넣는다.

5. [TextBox] 컴포넌트 추가

[TextBox]는 정답을 입력할 공간이다. [User interface]에서
[TextBox]를 끌어 [HorizontalArrangement] 안에 넣는다.
"AnswerTextbox"로 이름을 바꿔주자. 속성의 Hint에 "정답을
입력하세요."를 입력한다.

6. 정답 확인을 위한 [Label]컴포넌트 추가

[Label] 킴포넌드를 마우스로 끌어서 [HorizontalArrangement]
아래에 놓는다. AnswerLabel로 이름을 바꾸자. 속성의 Text에는
내용을 지우고 빈칸으로 두자.

3. 블록[Blocks] 에디터에서 기능 설정하기

오른쪽 윗부분의 [Blocks]을 선택하여 블록 에디터로 이동하여,
블록의 기능을 추가하자.

1. 전역변수 지정

하나의 스크린만 사용하여 Next 버튼을 누르면 다음 사진과
질문이 나타나도록 한다. 스크린을 하나만 사용하는 이유는 모든
질문의 형식이 같기 때문이다. 따라서 숨겨진 정보를 사용하기

위해서는 전역변수를 지정하자. 전역변수 블록을 마우스로 끌어
캔버스 위에다 옮긴다. 변수의 이름은 {questionList}로 설정한다.

`initialize global questionList to`

[Lists]에서 [make a list] 블록을 끌어
[initialize global {questionList} to]에 끼운다. List 블록에다가
정보들을 넣을 것이다. 이 블록에 있는 파란색 상자를 클릭하여
질문의 개수만큼 item을 추가한다. item 하나만 더 추가해서
3개의 구멍을 만든다.

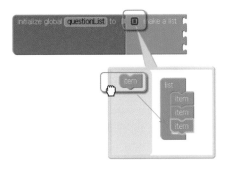

질문을 입력할 수 있도록 3개의 [Text] ▗▀▄ 블록을 추가한다.

"세상에서 가장 과학적인 문자 한글을 창제한 왕은?",
"대한민국 피겨스케이트 역사상 최초로 2010년 벤쿠버
올림픽에서 금메달을 딴 선수는?", "전직 스타크래프트
프로게이머로서 폭풍저그라는 별명을 가지고 있는 현 방송인의
이름은?"을 순서대로 입력한다.

2. 질문이 [QuestionLable]에 나타나도록 [Initialize] 컴포넌트 추가

[Blocks]의 [Screen1]을 선택하고, [when {Screen1}.Initialize]를
끌어 [Viewer]에 놓는다.

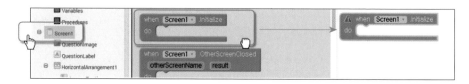

앱이 시작(초기화)되었을 때의 명령을 지정한다.
[QuestionLable]을 선택하고, [set {QuestionLable}.text to]를
끌어 [when {Screen1}.Initialize] 사이에 끼운다.

질문을 하나씩 복사해서 사용할 수는 있지만 질문을 바꾸더라도
코드가 작동되도록 하자. [List]에서 [select list item] 블록을 끌어
[set {QuestionLable}.text to] 옆에 연결한다.

QuestionList에 있는 내용을 끌어오기 위해서
[get {global questionList}]를 list 옆에 연결한다. {questionList}에
마우스를 올려놓으면 쉽게 사용할 수 있다. 첫 번째 질문내용을
가져오려면 [Math]에서 숫자블록을 가져와서 1로 바꿔주면 된다.
즉, global questionList에 있는 첫 번째 index를 나타낸다.

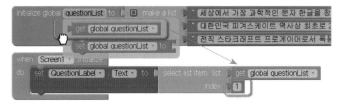

3. Next 버튼을 위한 [Click] 이벤트 추가

Next 버튼을 눌렀을 때 다음 질문으로 넘어가도록 프로그램을
구성하자.

[NextButton]을 선택한 후 [when {NextButton}.Click do]를 끌어
[Viewer]에 놓는다.

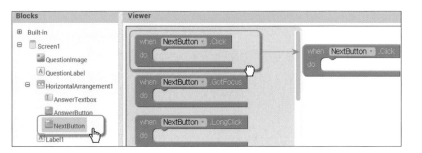

[get {global questionList}]에서 사용했던 블록들을 그대로
복사해서 사용한다. Ctrl+C를 한 후 Ctrl+V를 하면 손쉽게 할
수 있다. 숫자를 2로 바꾸었을 때 Next 버튼을 누르면 두 번째
질문이 나타나지만, Next 버튼을 한 번 더 누르면 아무런 변화가
없다. Next 버튼을 누르면 두 번째 질문만 나오도록 설정했기
때문이다. 질문들이 몇 번째인지 계속 추적해야 하기 때문에
여기서 잠시 보류해 둔다.

[Variable]에서 전역변수를 추가한다. Index라고 입력한다.
전역 변수는 질문이 몇 번째인지 알기 위한 변수이다.

[set {global Index} to]를 [when {NextButton}.Click do] 사이에
끼운다.

Next 버튼을 클릭했을 때 Index가 1씩 증가하도록 더하기 블록을
끌어 [set {global Index} to] 옆에 끼운다. [get {global Index}]와
[{1}]을 차례로 끼운다. [select list item index] 옆에는
[get {global index}]를 끼운다.

이제 index변수 값이 1일 경우 Next 버튼을 클릭하면 index변수
값이 2가 되고 3까지 이렇게 계속해서 증가한다.

4. [Control] 블록 if 함수 사용하기

if 함수 블록을 사용하여 마지막 질문 다음에 다시 첫 번째
질문으로 돌아가게 만들자. Next를 세 번 이상 클릭하면 네 번째
질문이 없기 때문에 오류가 발생한다. 이를 방지하고자 [if then]

블록으로 조건을 달아주자.

[Control]에서 [if then] 블록을 끌어다 [when {NextButton}.Click]
블록 사이에 끼운다.

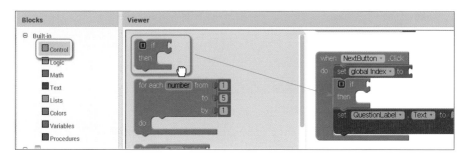

만약 index가 3보다 크면 다시 1로 설정되도록 한다.

위 그림과 같이 했을 경우 질문이 추가될 때마다 현재 3인 숫자를
수정해야 한다. 이를 보완하기 위해 [Lists]의
[length of list list] 블록을 끌어 숫자 3이 있었던 자리에 끼운 후
[get {global questionList}]를 연결시키면 질문 리스트가 얼마든지
추가되어도 상관없다.

5. 질문과 함께 사진도 바꾸기

질문과 함께 사진도 바뀌도록 PictureList 이름의 전역변수를
추가한다.

[Lists]에서 [make a list] 블록을 끌어 그 옆에 끼운다.
List 블록에다 정보들을 넣는다. 이 블록 좌측 상단에 있는
상자를 클릭하여 질문의 개수만큼 item을 추가한다. item 하나만
더 추가해서 3개의 구멍을 만들자. 사용할 사진의 파일 이름을
순서대로 입력한다. 철자가 틀리면 오류가 발생하므로 주의하자.

[QuestionImage]를 선택하여
[set {QuestionImage}.{Picture} to]를 [when {NextButton}.Click]
블록 사이에 끼운다.

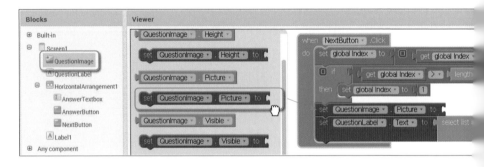

Next 버튼을 클릭했을 때 다음 질문으로 넘어간 것처럼 사진도
동일하게 설정해 주면 된다. 단, [select list item list]에서는
[get {global pictureList}]로 해야 한다.

6. 정답 입력 후 확인하기

[AnswerButton]을 선택한 후 [when {AnswerButton}.Click do]를
끌어다 [Viewer]에 놓는다.

[AnswerTextbox]에 정답을 입력하고 [Answer] 버튼을 클릭하면
정답을 확인할 수 있게 하자. [Control]에서 [if then] 블록을
끌어다 [when {AnswerButton}.Click] 블록 사이에 끼운 후
[else]를 추가하자.

입력한 인물의 이름이 정답인지 확인할 수 있도록
[AnswerTextbox]에서 [{AnserTexbox}.{Text}]를 끌어다 빈자리에
놓는다.

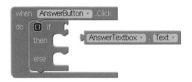

[initialize global {questionList} to] 블록을 복사하여
{AnswerList}로 바꿔준다. 그리고 질문을 지운 후 실제 답을
순서대로 입력한다.

정답과 질문을 비교하여 일치하는 방법은 [List]에서
[select list item]을 [when {AnswerButton}.Click]의 if에
연결시킨다. if에는 [get {global AnswerList}]를 index에는
[get {global Index}]를 연결시킨다.

현재 어느 질문의 답을 입력하였는지, 입력한 내용과
일치하는지를 확인하려면 "=" 수식을 이용해서 if를 완성시킨다.

현재 질문에 정답을 입력하였으면 "정답입니다! 참
잘했어요^^*"가 나타나도록 하고, 그 다음 칸에는 오답일 때
"틀렸습니다, 다시 한 번 시도해 보세요."가 나오도록 한다.

4. 스마트폰으로 테스트하기

각 문제에 해당하는 답을 입력한 후,
Answer 버튼을 클릭해 보자. 정답과 오답일
때 다른 반응이 나타난다. Next 버튼을
누르면 다음 문제로 넘어간다.
테스트는 한 블록을 완성했을 때마다
수시로 해 보자.

퀴즈

- list 블록에서 item 수를 늘이는 방법은 무엇인가?
- 전역변수 questionList를 만드는 방법은 무엇인가?
- Screen을 초기화(Initialize)하는 방법은 무엇인가?

요약

- 질문에 해당하는 사진을 출력
- Next 버튼을 누르면 다음 질문과 사진이 나오게 함
- Answer 버튼을 누르면 입력한 답이 정답인지 확인할 수 있다.

창의성 문제

- 퀴즈가 시작되고 끝나는 시간을 나타내어 보자.

XML 파싱

기상청 홈페이지의 웹서비스에 접속하고, XML 정보에서 필요한 내용만 출력하는 앱을 만들어 보자. 여기서는 XML 정보 중에 〈title〉... 〈/title〉 사이에 있는 제목을 가져와서 폰에 출력해 보자.

학습내용

- 웹 서비스로부터 XML 데이터 가져오기
- 필요한 부분만을 찾는 XML 파싱

학습목표

이 앱을 마치면 다음을 할 수 있다.

- 기상청에 접속하여 날씨 정보를 가져올 수 있다.
- XML 데이터에서 필요한 부분을 추출할 수 있다.

크롬 브라우저에서 네이버에 접속하여 검색 창에 "기상청 RSS"로 사이트를 검색해 보자. 이 사이트(http://www.kma.go.kr/weather/lifenindustry/sevice_rss.jsp)는 기상청에서 각 지역별 기상 정보를 XML 형태로 제공한다. 내가 원하는 동네를 선택하고 URL을 복사한다. (예, http://www.kma.go.kr/wid/query DFSRSS.jsp?zone=4717055500)

크롬 웹 브라우저에서 URL을 입력하면 다음처럼 보인다.

```
〈rss version="2.0"〉
〈channel〉
〈title〉기상청 동네예보 웹서비스 – 경상북도 안동시 용상동 도표예보〈/title〉
〈link〉http://www.kma.go.kr/weather/main.jsp〈/link〉
〈description〉동네예보 웹서비스〈/description〉
〈language〉ko〈/language〉
〈generator〉동네예보〈/generator〉
〈pubDate〉2014년 02월 20일 (목)요일 20:00〈/pubDate〉
........
```

1. 새 프로젝트 "xmlParser" 만들기

앞서 1부 2장에서 설명한 대로 다음과 같이 프로젝트를 준비하자.

크롬 브라우저를 열고 http://appinventor.mit.edu에 접속하여 Create 를 선택한다.

안내를 따라 gmail의 ID와 패스워드로 로그인한다.

화면 중간 부분의 [Project]를 클릭하여 [Start new project…]를 선택한다.

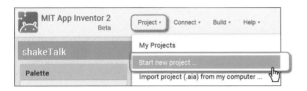

앱 프로젝트 이름에 "xmlParser"를 입력하고 [OK]를 선택하자.

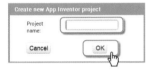

2. 디자이너[Designer]에서 컴포넌트[Component] 준비하기

- [Connectivity]에서 [Web] 컴포넌트 추가
- [User Interface]에서 [Label] 컴포넌트 추가

3. 블록[Blocks] 에디터에서 기능 설정하기

이제부터 블록이 하는 일을 정하자. 오른쪽 상단의 [Blocks]을 선택한다.

1. 스크린이 초기화 될 때 웹 주소 넣기

[Screen1] 블록에서 [when {Screen1}.Initialize]를 끌어다
[Viewer]에 놓는다.

[Web1] 블록을 선택하고, 화면을 스크롤하여
[set {Web1}.{Url} to]를 [when {Screen1}.Initialize] 사이에
끼운다.

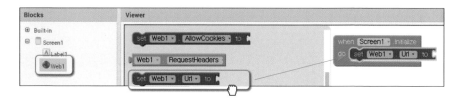

[Web1] 블록에서 [call {Web1}.Get] 블록을 끼워 넣는다.

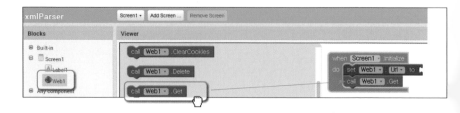

그 다음으로 연결할 웹 주소를 넣을 수 있도록 [Text] 블록에서 빈 스트링 [" "]을 끌어다 끼운다. 그리고 동네 RSS 주소를 복사하여 넣는다.

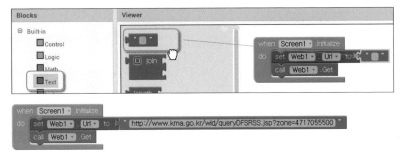

2. 도착한 데이터의 처리

웹에 접속되어 데이터를 가져온 다음, [Web1] 블록에서 [when {Web1}.GotText] 블록은 도착된 데이터를 처리할 수 있도록 한다. 이 블록을 [Viewer]에 넣자.

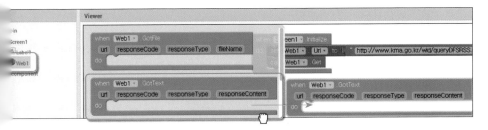

3. 데이터를 Label에 출력

[Label1] 블록에서 [Viewer]를 아래로 스크롤해서 [set {Label1}.{Text}] 블록을 [GetText] 블록에 끼워 넣자.

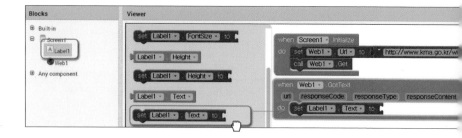

[responseContent] 위에 마우스를 대고 있으면 다음처럼 선택할
수 있는 블록 두 개가 팝업된다.

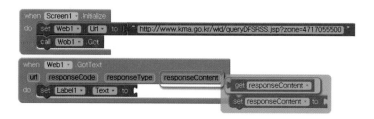

[when {Screen1}.Initialize] 블록을 축소하기 위해 [Collapse
Block]을 선택하면 축소된다.

1차적으로 완성이 되었으므로 테스트를 해보고, XML 파싱을
하자.

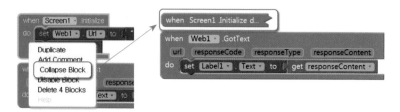

4. 스마트폰으로 1차 테스트하기

- 스마트폰에서 앱을 실행하려면, 앱 인벤터의 [Connect] 메뉴에서 [AI Companion]을 선택한다.
- 컴퓨터의 윈도우 창에 QR 코드가 화면에 나온다.
- 스마트폰에서 [MIT AI2 Companion] 앱을 실행한다.
- [Scan QR Code]를 선택한다.

5. XML 파서 만들기

XML 파싱을 위해서 전역변수를 str을 선언하고 List로 만든다. 이 List에 〈open tag〉와 〈close tag〉 사이의 값을 추출한다. 이 작업을 하는 부분을 함수 xmlParser 프로시저로 만들자.

1. 전역 List 변수 str 만들기

[Variables] 블록을 선택하고 [initialize global {name} to]를 끌어다 넣자.

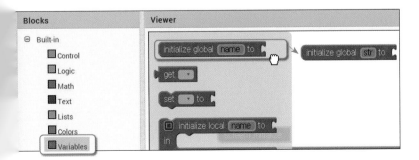

변수를 리스트로 만드려면 [Lists] 블록에서 [create empty list]를
선택하고 전역변수에 맞춘다.

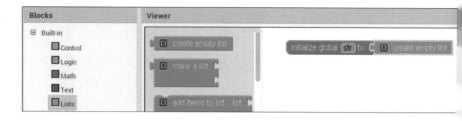

2. 파싱 프로시저(함수) 만들기

[Procedures] 블록에서 [to {procedure} do] 블록을 끌어다
Viewer에 놓자.

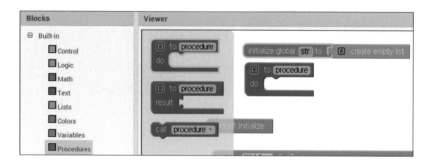

프로시저 이름 변경은 [procedure] 부분을 클릭하고
"xmlParser"를 입력하자.

xmlParser 프로시저는 3개의 입력 매개변수를 가지므로 푸른
사각형을 누르고 [input: x]를 세 번 끼워 넣자.

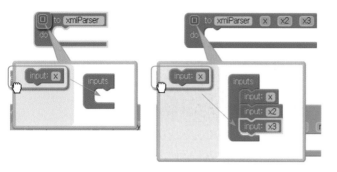

매개변수의 이름을 "str", "open_tag", "close_tag"로 바꾸자.

전역 리스트 변수 str 위에 마우스를 올리고 기다리면 두 개를
선택할 수 있도록 나오는데, [set {global str}]을 선택하여
프로시저에 끼워 넣자.

3. 문장의 분리

⟨title⟩ 이전의 문장과 이후의 문장을 분리하여 뒷부분만을
선택하고, ⟨/title⟩ 앞부분과 뒷부분을 분리하여 앞부분만
선택하면 ⟨title⟩....⟨/title⟩ 사이의 문장을 추출할 수 있다.

[Text] 블록에서 [{split at first} text at]을 끼워 넣는다.

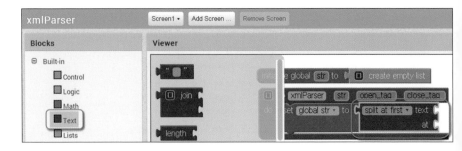

프로시저에서 입력 받은 문자열이 str에 들어 있으므로, [str] 위에
마우스를 대고 있으면 [get {str}]이 팝업된다. 이것을 text 다음에
끼워 넣자. open_tag도 동일한 방법으로 선택하여 넣는다.

전역 변수 str 위에 마우스를 대고, [get {global str}]이 팝업되면,
끌어다 아래 부분에 끼워 넣자.

4. 분리된 문장의 앞부분 선택

⟨title⟩을 기준으로 앞부분과 뒷부분이 분리되었으므로 이중에
뒷부분을 선택하자. 리스트의 2번째를 선택한다.

[Lists] 블록에서 [select list item list index] 블록을 선택하여 끼워 넣자.

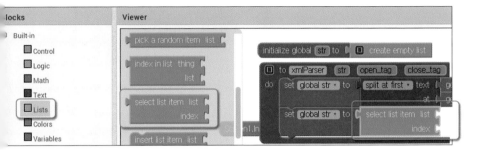

list에는 [get {global str}]을 끼워 넣고, index에는
[Math] 블록에서 [0]을 끼워 넣고 값을 [2]로 변경하자.

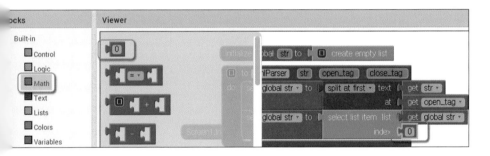

첫 줄의 블록을 복사하여 끼워 넣자.

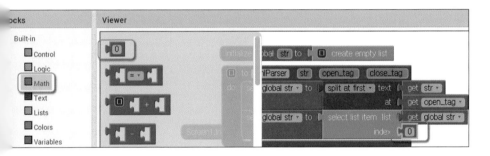

text 부분과 at 부분을
콤보 버튼(아래로 향하는
삼각형▼)을 눌러 적합한
것을 선택하자.

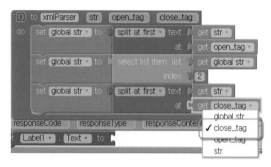

옆의 그림과 똑같이
되도록 해야 한다.

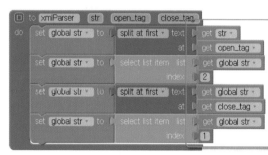

5. 프로시저 호출하기

프로시저가 만들어 지면 [Procedures] 블록에 추가되어 있다.
[call {xmlParser}]를 [GetText] 블록에 끼워 넣자.

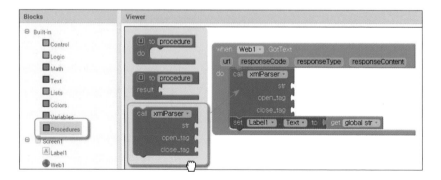

입력 변수에는 str에 **[get {responseContent}]**를 resposeContent 위에 마우스를 대고 팝업되면 끼워 넣고, open_tag에는 문자열을 추가하여 "〈title〉"을 입력한다. 마지막으로 close_tag에는 "〈title〉"을 입력하여 완성된 블록이다.

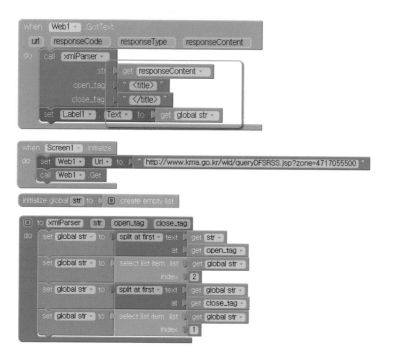

6. 스마트폰으로 테스트하기

• 스마트폰에서 앱을 실행하려면, 앱 인벤터의 **[Connect]** 메뉴에서 **[AI Companion]**을 선택한다.
• 컴퓨터의 윈도우 창에 QR 코드가 화면에 나온다.
• 스마트폰에서 **[MIT AI2 Companion]** 앱을 실행한다.

- [Scan QR Code]를 선택한다.
- "기상청 동네예보 웹서비스–경상북도 안동시 용상동 도표예보"가 출력된다.

.

퀴즈

- 파싱이란 무엇인가?
- 왜 데이터를 XML 형태로 전송하는가?
- RSS란 무엇인가?

요약

- 웹에서 RSS로 제공 되는 XML 가져오기
- XML에서 필요한 부분만 찾기

창의 문제

- 폰에 입력 창을 만들고 XML 태그를 입력하면 해당하는 자료를 추출하여 출력해 주는 앱을 작성하세요

Chapter
34

스마트폰과 컴퓨터의 대화

스마트폰은 앱 인벤터 프로그램으로, 컴퓨터는 프로세싱으로
프로그램을 작성하여 컴퓨터와 스마트폰이 Wifi를 통해서 대화를
하도록 하자. 드디어 휴대폰에서만 한정되는 프로그래밍이
아니라 다른 기기와 소통하는 작업을 할 수 있다.

폰에서 [Red] 버튼을 누르면 컴퓨터 화면에 붉은 사각형,
[Blue]를 누르면 푸른 사각형, [Green]을 누르면 초록색의
사각형이 만들어진다.

이번 예제에서는 컴퓨터 프로그래밍 언어인 "Processing"을
잠시 다룬다. Processing에 대해서 더 알고 싶다면 『야금야금
프로세싱, 심주은 외 2인 공저, 카오스북, 2013』을 참고하면
좋다.

학습내용
• Wifi 통신에 대한 이해
• Web 컴포넌트를 활용하여 http 프로토콜을 활용하기
• Processing 언어로 간단한 서버를 구축하기

이 앱을 마치면 다음을 할 수 있다.

- Wifi를 이용해 폰과 컴퓨터와의 통신을 할 수 있다.
- Processing 언어로 서버를 만들 수 있다.

- **단계1:** 앱 인벤터로 WifiColor 앱을 만든다. [Red] [Green] [Blue] 버튼을 만든다. 각 버튼을 누르면 "red", "blue" 및 "green"이라는 단어를 Wifi를 이용하여 컴퓨터로(ip)로 보낸다.

↓

- **단계2:** 프로세싱 스케치로 서버 프로그램을 작성한다. 서버 컴퓨터의 IP주소를 찾는다. 네트워크에서 Wifi로 "red", "green", "blue"를 받으면 색상에 맞게 사각형을 그린다.

↓

- **단계3:** 프로세싱 스케치를 실행한다.

↓

- **단계4:** 앱 인벤터의 AI Companion을 선택하여 스마트폰에 어플을 실행한다.

↓

- **단계5:** 작동을 테스트한다.

앱 인벤터로 스마트폰 앱을 작성하여 [버튼]을 누르면 Wifi를 통해서 "red", "green", "blue" 3개 중의 하나를 서버로 전송한다. 스마트폰이 데이터를 보낼 서버 컴퓨터의 주소가 필요하다.

단계 1. 스마트폰의 앱 작성

1. 새 프로젝트 "RGB send" 만들기

앞서 1부 2장에서 설명한 대로 다음과 같이 프로젝트를
준비하자.

크롬 브라우저를 열고 http://appinventor.mit.edu에 접속하여
Create 를 선택한다.

안내를 따라 gmail의 ID와 패스워드로 로그인한다.

화면 중간 부분의 **[Project]**를 클릭하여 **[Start new project...]**를
선택한다.

앱 프로젝트 이름에 "RGB send"를 입력하고 **[OK]**를 선택하자.

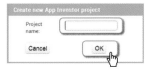

2. 서버의 주소 찾기

서버 주소는 윈도우 [실행 창]에서
[cmd]를 입력하여 명령 프롬프트를
실행시킨 후, [ipconfig]를 입력해서
확인한다. IPv4 주소.... 끝에 있는
4개의 숫자가 서버 주소이다.

IP주소 다음에는 포트 번호 12345를 적는다. 이 번호는 사용자가
정할 수 있는데, 앱과 서버에 동일한 포트 번호를 사용해야 한다.
http://ip_address:port_no 형식으로 입력한다.

예를 들어 앱에서는 "http://192.168.0.30:12345"와 같이 입력하고,
서버에서는 Server(this, 12345);와 같이 입력한다.

3. 디자이너[Designer]에서 컴포넌트[Component] 준비하기

세 개의 버튼을 넣고, 각각의 이름을 Red, Green, Blue로 바꾼다.

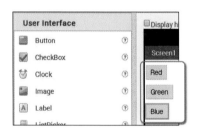

[Connectivity]에서 [Web]을 마우스로 선택하여 끌어 당겨서
[Viewer]에 놓는다. 아래 부분인 [Non-visible components]
아래에 [Web1]이 나타난다.

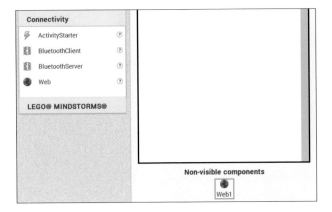

4. 블록[Blocks] 에디터에서 기능 설정하기

[Blocks]을 선택하여 컴포넌트들의 동작을 설정한다.

[Built-in]에서 [Screen1]을 선택하고 [when {Screen1}.Initialize]를
마우스로 끌어 [Viewer]의 공간에 놓는다.

블록에서 [Web1]을 선택하고 [set {Web1}.{Url} to]를 선택하여,
[when {Screen1}. Initialize] 사이에 끼워 넣는다.

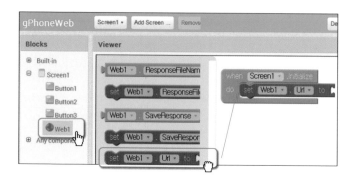

[Built-in]에서 [Text]를 선택하고 [" "]를 선택하여
[set {Web1}.{Url} to]에 끼워 넣고 "http://ip주소:포트"를
쌍따옴표(" ") 사이에 입력한다.

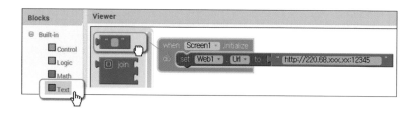

블록에서 [Button1]을 선택하고 [when {Button1}.Click]을
선택하여 [Viewer]에 옮긴다.

Screen1이 화면에 나타나면 입력된 Url과 스마트폰을 연결시켜
주는 역할을 하는 블록이다.

블록에서 [Web1]을 선택하고 아래 부분으로 스크롤해서 [call {Web1}.PostText]를 [when {Button1}.Click] 사이에 끼워 넣는다.

[Built-in]에서 [Text]를 선택하고 [" "]를 선택하여 [text] 옆에 끼워 넣고 문자로 쌍 따옴표 사이에 "red"를 입력한다.

동일한 것을 복사하자. [when {Button1}.Click] 위에 마우스를 올리고 오른쪽 버튼을 누르면 [Duplicate] 팝업 창이 나온다.

이것을 선택하여 {Button1} 끝 부분에 있는 역삼각형(▼)으로 된 콤보 아이콘을 누르고, {Button2}를 선택한다. "red"를 지우고 "green"을 입력한다. 동일한 복사 방법으로 {Button3}도 수정하여 "blue"를 입력한다.

완성된 앱 인벤터 블록이 다음과 같은지 확인해 보자. 웹 주소는 컴퓨터마다 다르므로 지금 사용하는 컴퓨터의 IP주소와 같은지 확인해 보자.

1. 프로세싱으로 서버 만들기

프로세싱 프로그램은 http://processing.org에서 다운로드 받는다.

스마트폰에서 보낸 "red", "green", "blue" 문자열을 서버
컴퓨터는 Wifi 통신으로 받아서 컴퓨터 화면에 글자를 출력하고,
해당하는 색깔의 사각형을 그리는 스케치를 작성하자.

[프로세싱] 문자열을 받는 서버 스케치 작성하기

```
// processing: jcshim: WifiServerOnOff
import processing.net.*;
Server s;
Client c;
String input, msg;
void setup() {
  textSize(24);                             // 글자의 크기를 24폰트로 크게
  s = new Server(this, 12345);              // 서버 및 포트 설정, this는 내 컴퓨터
}
void draw() {
  c = s.available();                        // 서버의 상태를 읽음
  if (c != null) {                          // 서버에 데이터가 도착을 하면
    input = c.readString();                 // 도착한 데이터를 input에 넣는다.
    msg = input.substring(235);             // PUT 헤더를 제외: 234 or 245 주의
    background(127);                        // 배경을 회색으로
    if (msg.equals("red"))   fill(255, 0, 0);   // 붉은색
    if (msg.equals("green")) fill(0, 255, 0);   // 초록색
    if (msg.equals("blue"))  fill(0, 0, 255);   // 푸른색
    rect(20, 40, 60, 40);                   // 사각형 그리기
    text(msg, 20, 25);                      // 문자 출력
  }
}
```

2. 프로세싱 스케치의 실행

3. 앱 인벤터의 실행

앱 인벤터를 실행하고, 버튼을 누른다.

4. 스마트폰과 컴퓨터로 테스트하기

버튼을 누르면 컴퓨터 화면에 서로 다른 색의 사각형과 문자가
출력된다.

퀴즈
- 스마트폰과 컴퓨터 사이에 와이파이를 통해서 통신을 하려면 어떤 컴포넌트가 필요할까?
- processing 언어는 어느 사이트에서 다운로드 받을 수 있을까?

요약
- Web 컴포넌트는 Wifi를 이용하여 통신을 할 수 있도록 해 준다.
- Processing 언어를 이용하여 쉽게 서버를 구축할 수 있다.

창의성 문제
- 스마트폰을 이용하여 컴퓨터의 시리얼 포트에 연결된 전등을 제어해 보자.

꿀잼 **앱 인벤터** 와 함께 하면 도움되는

누구나 쉽게 공짜로 요리하는 환상의 프로그래밍 언어

야금야금 프로세싱

프로그래밍
첫 경험

야금야금
프로세싱

누구나 쉽게 공짜로 요리하는 환상의 프로그래밍 언어

심주은 ▪ 심재창 ▪ 양용철 지음

○카오스북